授業するのが楽しくなる
生活科・総合・特活の技とアイディア44

寺本 潔・山内かおり 著

黎明書房

この本の使い方

1 生活科・総合的な学習の時間・特別活動の3つに共通しているのは，「生き方」教育であるということです。

生活科は，子どもらしい気付きや態度を大事にする教科です。

総合的な学習の時間（総合）は，子どもたち一人ひとりの興味・関心を最大限に生かした探究型の授業が醍醐味です。

そして特別活動（特活）は，教師と子ども，子ども同士，子どもと家庭をつなぐ人間関係を学ぶ場です。

これら3つの教科・領域をどう学ぶかは，どう生きるかにつながります。

本書では，教師としての子どもへの接し方や生き方を忘れないようにしながら，これらの授業に使える確かな技やアイディアを，分かりやすいイラストと共に綴ってみました。生活科と総合に関しては寺本が執筆し，特活については主に山内が著しました。合計44の「ワンポイント」の技やアイディアで，どこから読んでいただいても活用できるようになっています。

2 本書にはできるだけ汎用性のある技やアイディアを書くように努めましたが，同時に平成20年3月に告示された新しい学習指導要領の視点も加味しました。ですから，新指導要領のキーワードである「知識基盤社会」「言語力」「習得と活用」「探究」などの考え方や言葉が，随所で使われています。

配当された時間数は，生活科は従来どおり第1学年で102時間，第2

学年で105時間に，総合は第3学年～第6学年で各70時間に，特活は第1学年で34時間，第2学年～第6学年で各35時間になりました。

　新しい時代の小学校教育は，知識を創造できる「しなやかさ」と，健康と安全を守りながら，自分や友だちを大切にしていける「学び合い・支え合い」が生まれる教育を目指しています。対話や討論など，協同して学ぶ場面をいかに創り出すかが教師の力量です。

❸　生活科は3度目の学習指導要領の改訂を迎え，質的な充実と発展が期待されています。昨今，国語・算数など生活科以外の教科の学力の低下に世間の関心が注がれていますが，新しい学習指導要領においても「生きる力」の基本理念は踏襲されることとなりましたので，再び低学年児童の生活そのものに関与する生活科への関心が高まってくるでしょう。ほんの13の技やアイディアですが，エッセンスをギュッと絞り込んで示してあります。

　一方，総合は第3学年以降の学年で実践されますので，ワークショップ型の授業運営を念頭に，幾分高度な教育内容と方法を書き綴りました。また，英語活動についての内容も加えました。

　特活については，中・高学年の学級づくりに担任経験の多い執筆者によって書かれており，いじめや学級崩壊を未然に防ぐための，効果的な技や配慮も記されています。低学年の学級づくりには焦点が当てられていませんが，それについては生活科の技やアイディアの中から汲み取っていただければと願っています。

❹　本書の内容は表面的なテクニックに特化したものではありません。読んでいただければ，その奥深さに気付いていただけるでしょう。

　生活科や総合，特活については，国語や算数，社会などの教科と違って仮説を立てて検証していくといったような順序立てた指導方法が確立

されてはいません。内容が固定的でないことがその背景に横たわっています。その分，子どもへの着目はどの教科よりもダイレクトに要請される領域と言えるでしょう。

　本書を読んでいただき，準備段階や導入時の取り組みがいかに大切かを分かっていただけたら幸いです。

　末筆ながら，執筆に当たっては，愛知教育大学の野田敦敬教授や琉球大学附属小学校の石川博久教諭に多くのヒントを頂戴しました。また本書の刊行に当たっては，黎明書房の武馬久仁裕社長と編集の労をとっていただいた吉川雅子さん，そして楽しいイラストを描いていただいた伊東美貴さんに大変お世話になりました。記して感謝の意を表します。

　生活科・総合・特活は，教師であるあなた自身がどう生きるかにかかわる内容を持っています。苦手意識のある方は，本書で克服してください。きっと，「授業するのが楽しくなる」いろいろなアイディアが得られることでしょう。

　平成20年9月

著者を代表して
寺本　潔

目　　次

この本の使い方　1

 Ⅰ　生活科の技とアイディア

1　指導要領改訂のポイントは「見付ける，比べる，たとえる」学び　8
2　科学的体験をグレードアップしよう　10
3　「がっこうたんけん」は2年生の案内地図で促す　12
4　安全教育は「つうがくろ」に顔見知りを増やすことから　16
5　「まちたんけん」は制服たんけんが面白い！　18
6　「なつとあそぼう」は場所や道具にあえて制約を　20
7　秋の活動は「秋色お弁当箱」がおススメ　22
8　家族単元はお正月準備から　24
9　方位と距離感：空間認知を鍛えよう　26
10　にょろにょろ地図を描かせよう！　28
11　楽しい絵楽譜で音を描こう　30
12　ミニトマト，枯れたらどうする？　32
13　動物飼育は「つけない・ふやさない・死なせない」の3原則で　34
Column　正しい手洗いのやり方　36

総合的な学習の時間の技とアイディア

1　ワークショップ型の運営手法を習得しよう　38
2　課題や疑問を「視える化」しよう　42
3　大人の承認でやる気が増す　44
4　ポスターセッション：場の盛り上げ方のコツ　46
5　絵文字で会話に挑戦！　48
6　テレビ番組に評点を付けよう！　50
7　地域安全マップをつくろう！　52
8　家電歴史年表づくりから賢いエネルギー使用を考える　55
9　国際理解は地球儀モビールづくりから　58
10　日本の伝統・文化は茶の湯から　60
11　日本の中の異文化，沖縄から学ぶ　62
12　福祉は段差調べからバリアマップづくりへ　64
13　日常英会話は生活科教科書で　66
Column　ビンゴで楽しむ環境学習　68

Ⅲ 特別活動の技とアイディア

1 手形シートで学級の仲間づくり　70
2 静かな朝読書が学級を落ちつかせる　72
3 掃除指導で心の器を上向きに　74
4 叱るときには「わたしメッセージ」が効果的　76
5 100円ショップグッズで教室大変身！　78
6 ミニ討論で学級づくり　80
7 安易に叱らない　84
8 「きく姿勢」が学級の学びをつくる　86
9 「あすチャレ」で毎日にメリハリをつける　88
10 係活動は「学級のためにできること」をモットーに　90
11 係新聞で広報活動をすると学級が生き生きとしてくる　92
12 キャンプファイヤーの出し物はやや大げさコント・寸劇で　94
13 「クイズ・わたしは誰でしょう？」で人間関係づくり　96
14 スローガンはポーズと合わせて覚えよう　98
15 女子児童との関係は「いい距離を保って」　100
16 廊下は「インターナショナル」な展示空間　102
17 OHCでノート指導，ビデオカメラで話し合い指導を　104
18 給食時間はレストラン気分でマナー教育を　106
Column　不登校児童とのふれ合いには焼きそばづくりがおススメ　107

I

生活科の技とアイディア

生活科

1 指導要領改訂のポイントは「見付ける，比べる，たとえる」学び

　新しい学習指導要領では，生活科について3つの「改善の基本方針」が出されています。そのうち，2つが新規の内容を含んでいます。その新規の内容とは，「気付きの質を高め」るための学習活動を重視することと，「安全教育」と「自然の素晴らしさ，生命の尊さを実感する学習活動」を充実することです。

　これらのうちの前者は，「見付ける，比べる，たとえる」などの**多様な学習活動**を駆使しながら，認識を深めたり，気付きをもとに考えたりすることや，**活動や体験したことを振り返り，自分なりに整理したり**，そこでの**気付き等を他の人たちと伝え合ったり**する学習活動の充実を指しています。
　この改善方針の背景には，学習活動が体験だけに終わっていることや，活動や体験したことから得られた気付きを質的に高める指導が十分には行われていなかったことへの反省があります。
　つまり，「体験あって学びなし」に陥っている状態が指摘されたのです。例えば，秋を見付けに公園に出かける活動で，単に落ち葉や木の実を集めて，服に付けて遊んだり，持ち帰ってどんぐり独楽(ごま)を製作したりするだけでは十分でなく，そこからどういった気付きを生み出すか，遊びや製作を通して秋らしい色や葉の様子に気付いたり，独楽(こま)の回転をよくする工夫を施したりするなど，気付きの質をワンランク上に高めるこ

とが要請されたのです。

とりわけ,「見付ける,比べる」は従来でも授業場面にしばしば見られた指導項目ですが,「たとえる」は今回の改訂で新たに用いられている言葉です。

「たとえる」には,語彙力が高まっていなくては言葉が出てきません。当然,思考と結びつかないのです。「この葉はコーヒーの色みたいだけど,こっちの葉は抹茶の色に似ているね」「どんぐりの形はまるでロケットのようだ」「秋色の公園に来ると,春のときと比べて静かな感じがします」などと,気付きの質を高めた言葉で表現してもらいたいものです。

「たとえる」学びに感動や発見がないと,なかなか期待される言葉は出てこないでしょう。形や色,手触りなどは比較的たとえた表現がしやすいですが,匂いや寒暖の気付きは一般に難しいでしょう。豊富な生活体験を持ち,言葉による体験の表現を繰り返し行う必要があります。

例えば,「この木の実を割るとコーラのような匂いがするよ」「せっけんで洗った後の匂いかな?」「クーラーの風みたいに冷たい!」など,生活場面での行為から想起した表現が考えられます。

今回の改訂の目玉とも言える「見付ける,比べる,たとえる」は,生活科の気付きの質を高める指導の手立てになるのです。

生活科

2 科学的体験をグレードアップしよう

　理科の学習指導要領の「改善の具体的事項」の中に、「生活科との関連」として、次のような一文があります。「ものづくりなどの科学的な体験や身近な自然を対象とした自然体験の充実を図るようにする。」

　また、生活科の「改善の具体的事項」にも、「中学年以降の理科の学習を視野に入れて、児童が自然の不思議さや面白さを実感するよう、遊びを工夫したり遊びに使うものを工夫してつくったりする学習活動を充実する。例えば、動くおもちゃを工夫してつくって遊ぶ活動、ものを水に溶かして遊ぶ活動、風を使って遊ぶ活動などを行うよう配慮する」と記されています。

これまでには，極端な事例ですが，風で動く帆かけ車を製作させる場面で，少々の風では動かないほどに装飾に凝り，競走もできない作品になってしまった場合もありました。それでも，生活科では自分のこだわりを大切にしたため，認めてあげる指導を行っていたのです。
　つまり生活科が子ども自身の思いを大切にする余り，科学的な体験につながらないでもよしとする指導があったのです。色水遊びを行う場合でも，色の変化や濃度と水との関係にはふれずに，単なる表現活動として扱っていた場面がありました。

　今後は第3学年以上の理科的な気付きにつながる基礎的な指導内容を加味する必要があるのです。新しい学習指導要領の内容(6)にも「身近な自然を利用したり，身近にある物を使ったりなどして，遊びや遊びに使う物を工夫してつくり，その面白さや自然の不思議さに気付き，みんなで遊びを楽しむことができるようにする」と記されています。
　突き詰めれば生活科の教科としての特性とやや整合しづらい側面も生じるかもしれませんが，科学的体験の中では低学年児童でも，現象の面白さや発見の喜びが見られるはずです。「うちわでパタパタあおぐと速く走るよ」「風を受ける板を大きくしたら速くなるかもしれない」などと条件を変えて工夫するなど，いろいろな姿が見られます。これも発達の適時を逃してはならない内容なのではないでしょうか。

　科学的な見方の始まりは，理科だけではないはずです。生活科においても，科学的な気付きにつながる表現を大切にしていきたいものです。

生活科 3

「がっこうたんけん」は2年生の案内地図で促す

　1年生に入学して1カ月近く経つと，生活科では「がっこうたんけん」という単元が始まります。学校生活に適応させる目的で設けられた単元ですが，単に「学校の中には楽しい場所や不思議な部屋がありますよ。探検しましょう！」と呼びかけるだけでは，生活科のねらいである「気付きの質を高める」ことにはつながりません。

　そこで提案したいのが，2年生との交流学習です。2年生にとっても，学校の中を新入生に紹介することで2年生になったという自覚が促されるという効果があります。それにもまして，学校の中の施設や場所の特性を客観的につかみ，1年生に対してそれを表現することで，社会性や空間理解力を磨く機会にもなります。

　その決め手になるのが，**2年生による「こうないあんないちず」の作成**です。実際には，校地全図を2年生に描かせるのは容易ではないため，はがき大からB5サイズ程度の紙に学校内を区分けして地図化させ，それを見せながら1年生を案内するしくみをつくるとうまくいきます。

　例えば，北校舎，中庭，南校舎，校庭の北半分，校庭の南半分などのように区分けして，チームごとにくじを引いて担当エリアを決め，そのエリアの絵地図を描いて1年生にプレゼントするとよいでしょう。

　地図を描く際のコツは**軸線を決めること**。廊下や建物の壁のライン，

敷地を画するフェンスなどの線を地図にきちんと描かせ，位置をはっきりさせることが大切です。校舎の地図を描かせる場合，1階部分の地図，2階部分の地図というように，教師があらかじめ枠だけを印刷しておいてもよいかもしれません。

2年生に対しては，例えば「1年生に中庭を教えてあげるための地図をつくろう！」と呼びかけ，「そのために，もう一度担当エリアを調べて地図をつくりなさい。どうすれば1年生にわかりやすい地図になるか，工夫しましょう」と指示して，地図づくりに臨ませます。

色鉛筆を使ったり，場合によってはデジタルカメラで撮影したその場所の写真を貼り付けたりして地図を作成させます。その際，廊下側から見える様子を撮った写真を貼り付けるように工夫すれば，1年生にもわかりやすい地図になります。

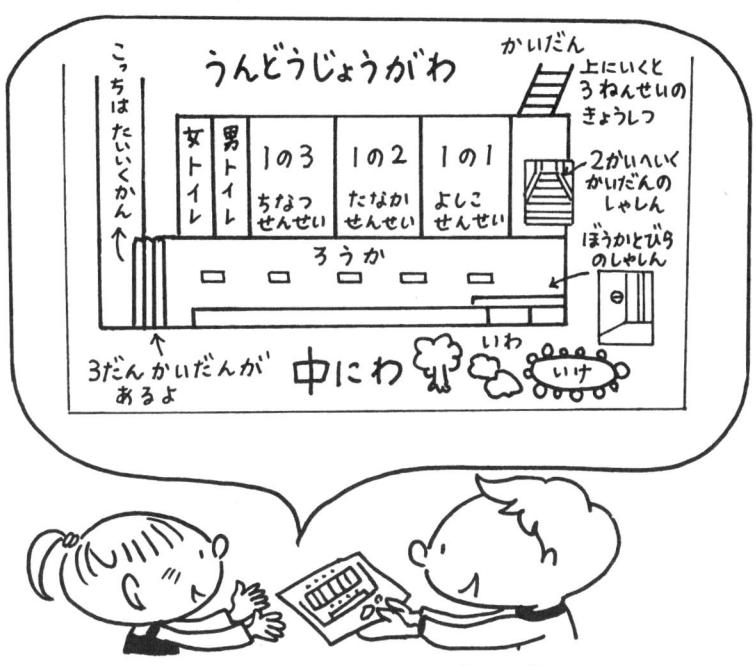

1年生に「こうないあんないちず」をプレゼント

そして当日は，１年生に地図をあげて，場所とその名前，使い方をきちんと説明させます。校舎内だったら，理科室や音楽室，保健室，体育館など特別な目的で使う部屋があること，そして，例えば職員室にはたくさんの先生がいることなどを教えさせるのです。
　さらに，校庭の説明をする際に，北門，東門などといった方角を示している位置言葉を正確に１年生に伝えることや，安全な遊具の使い方，飼育小屋の動物への接し方を教えることなど，２年生にとってもやや高度なくらいの内容を入れた方が，やりがいがあってよいでしょう。

一方，1年生に対しては，「2年生のお兄さん，お姉さんたちが，ちずであんないしてくれるよ」と説明し，地図に施設や場所に関するどんなことが描かれているかを教わるように促します。特に，その施設や場所を使うときのルール（きまり）や注意することなどを，2年生からしっかりと聞いてくるように指導しておきます。

　そして，聞いた後は，地図をもらい，感謝の言葉を言って，握手をして別れるように伝えます。こうすることで，「がっこうたんけん」が上級生とのふれ合いの場となり，社会性が育まれます。同時に，学校内の場所を把握することで心理的に情緒が安定します。

　もちろん，従来の「がっこうたんけん」の扱いのように，「ガイコツがこの学校の中にあるよ。どこにあるか探してごらん！」と探検気分を盛り上げたり，「校長先生や担任の私以外にどんな先生がいるか調べて，サインをもらってきましょう！」と人に焦点を当てて探検させてもOKです。

　でも，「がっこうたんけん」を単なる遊びにしてはいけません。1年生にとっては，**空間認知とコミュニケーションを学ぶ機会**であると捉えたいものです。

　ほかにも，例えば新設校で，特徴的な中庭や，校舎内に建築的にユニークな空間を有している学校では，「その場所に行くとどんな気持ちになりますか？」「ドアや壁の色は好きですか？」「光や風を感じる場所はありますか？」などと，建築空間の評価につながる気付きを促してもよいでしょう。学校空間を児童の眼で評価してみてください。

生 活 科

4 安全教育は「つうがくろ」に顔見知りを増やすことから

　新しい指導要領で生活科に安全教育が入りました。ここでも，身のまわりには，危険な場所があり，不審な人がいるかもしれないというような扱いでなく，自分たちの安全を守ってくれる施設や場所，人の存在に気付かせ，安心できること，いざというときにはそういった施設や場所を利用したり，まわりの大人に助けを求めたりできることを教える必要があります。

　ポイントは，「つうがくろは，あんしんできるよ」という扱いです。1年生にとって，毎日通う通学路は見慣れた道になっていますが，何気なく通っているだけで，道の脇にあるお店や住宅，空き地や池，林などについては関心を抱いていない場合があります。見ているようで見ていないのです。
　そこを，学習によって「見える」状態に変える必要があります。安全教育の視点から通学路を見直し，どこが危険なのか，事故にあいやすい交差点か，いつも交通指導員の方が立ってくださっていること，「防犯」と書いてある腕章やベストを着たスクールガードの方が見守ってくださっていることなどに気付かせます。

　命はひとつであること，自分を大切にすること，友達も大切にすることは当たり前のことですが，自覚させることはなかなか難しいです。教

師が言葉でどんなに指導しても,危険回避の臨場感は感じないでしょう。だからと言って,見抜きにくい不審者に気をつけるように指示したり,不審者役を決めて登場させたりすることも不自然です。

　おススメは,「こども110番」の家訪問です。「いつも見守ってくれてありがとうございます。これからもよろしくお願いします」という挨拶をすることはもちろん,見守りをお願いする色紙をプレゼントしたりして,できる限り顔見知りの関係を築いていくことが大事です。
　子どもも親しい関係が築けていない家にはいざというときに飛び込めないものです。例えば美容室を経営している110番の家の人なら,一度は美容室の中も見せてもらうとよいでしょう。

　そして,教室に帰ってから110番の家の人の名前や顔の特徴を思い出すこと,下校の際に出会ったら挨拶させることで,それまで見知らぬ人だった大人が,守ってくれる大人に変わるはずです。
　110番の家の方の笑顔を撮影した写真と店の写真を教材として用意し,「顔・店照合クイズ」と題して,通学路やその周辺の110番の家の方を学習するのも面白いアイディアです。

生活科

5

「まちたんけん」は制服たんけんが面白い！

　第2学年の単元として位置づけられている「まちたんけん」は，地域に愛着を持たせることを目的に実施されます。
　けれども，それだけではインパクトに欠けます。町にはいろんな制服を着て働いている大人がいることに着目させれば，もっと町に関心や愛着を持ってくれるでしょう。

制服については，子どもたちもすでに1年生の「つうがくろたんけん」で警察官と出会っていたり，乗り物に乗って遠くに行く単元で電車の運転手を見かけていたり，スーパーで買い物体験をして食品売り場にいる人の白い制服に着目したりしているはずです。

「この写真に写っている人はどんなお仕事をしていますか？」と問いかけ，次に「町の中のどこに行ったらこの人と会えますか？」と尋ねてみましょう。きっと「会いたいな」「見てみたいな」という思いがわいてくるはずです。

そこで，その中のおひとりでよいので，制服姿の方をゲストに呼んで，制服のよさと役割について話していただければ，子どもたちは強い興味を抱くでしょう。「町の中は制服でいっぱい」という感覚で近所を探検することも楽しい学習です。

制服を見つけさせていけば，自然に仕事への関心も生まれてくるでしょう。生活科は社会科と異なり，自分と社会とのかかわり合いを中心におけばよいのですが，社会そのもののしくみや働きがある程度見えてこなければ，自分に社会の事物や事象を引き寄せられません。

また，制服は一般に動きやすいように縫製され，通気性や耐久性も高いので，仕事をしやすくするという制服の役割に気付かせることもできます。もちろん，制服によってはファッション性も扱えます。そういった服による教育（服育）の観点にも広げていけば，上の学年で扱う総合の題材としても面白い教材です。

生活科の単元「まち大好き」の終末では，興味を持った制服を借りてきて，「まちたんけん」の発表会の道具として使うのも一案です。制服を手がかりに町を見ることにより，町がいろいろな仕事で動いていることを感じられます。

生活科

6 「なつとあそぼう」は場所や道具にあえて制約を

　1年生が夏に学ぶ「みずとあそぼう」や「なつをたのしく」といった単元で，校庭や中庭に出て水を使ったり，砂場を使用したりする場面があります。色水，泥団子，水車，水鉄砲，笹船，砂場で池と築山づくりなどが代表的な活動です。

　この活動場面で，教師はつい「子どものために」と十分なスペースと道具・材料を与え思いっきり活動させたがりますが，そうすることでかえって学びの視点が弱くなる側面もあります。ここで言う学びの視点とは，場所を工夫して使う，道具や材料を貸し借り・交換しながら使うといった，計画性や社会性にかかわる視点です。

　そこで，子どもたちは幼稚園・保育園までは砂場遊びや水遊びを自由に存分に体験してきたはずなので，**生活科ではあえて場所や道具に制約をつけて，解決すべき課題を設定する**とよいと思うのです。
　「狭いけれど，中庭だけで水と遊ぶコーナーをつくってもらいます。中庭はたくさんのお友達に見てもらえるからです」「たらいが3つしかありません。水道の蛇口もここには1つしかありません。どうしたら気持ちよく使えますか？」などと場所や道具に制約を設けることで，自分たちで工夫し始めるでしょう。
　教師は，**使う順番を決めたり，使う場所を区分けしたりと互いに協力**

し合う児童の動きを，大げさにほめてあげてください。そうすることで，次第にわがままな態度が改善されてくるでしょう。

なお，色水遊びでは，面白い実験がおススメです。例えば，赤い朝顔でつくった色水は石鹸水を入れると青い色水に，反対に青い朝顔でつくった色水はレモンや酢を入れると赤い色水に，変身するのです。アルカリと酸の作用を利用したオモシロ遊びです。

生活科

7

秋の活動は「秋色お弁当箱」がおススメ

　生活科の秋らしい活動でおススメなのが，**お弁当づくり**です。底の浅いプラスチック容器や小さめのお菓子箱，贈答品のクッキーのブリキ製の缶などを活用して，落ち葉や木の実でお弁当をつくらせます。

　コツは，仕切りを入れて彩りを工夫させること，木の実や落ち葉が足りなければ折り紙を切って入れてもよいことにすること，ご飯の代わりに白い綿や布切れを使うことなどです。
　アラカシのどんぐりに着色してゆで卵に見立てたり，赤い毛糸をスパゲティに見立てたりするのも OK です。

自然物だけを使おうと無理しないで，色を付けたり，形を切りそろえたり，一部分に人工物を添えたりしても大丈夫。秋からの贈り物を楽しむこと，表現活動と結び付けて，お弁当の材料を何かに見立てることなどが，「たとえる」学習につながります。

　お弁当箱から発展して，ジオラマづくりも楽しい活動になります。**箱を立てて背景と手前の関係を考えさせ，立体的に見せ，奥行き感を表現させる**ことがコツです。小枝を手前にボンドで貼り付け，奥に虫の絵や針金を曲げてつくった虫などの小物を配置すれば，「森に住む虫たち」という題のジオラマができ上がります。さらに，河原に落ちているいろんな形の小石にペイントで目玉や羽，足を描いたりすれば，森の生き物に見えてきます。

　箱を立てて使えば，水族館もつくれます。まず，箱の内側を青色に塗り，一部にアルミホイルなどを貼り付けておきます。そして，例えば海が近い小学校の場合，浜辺で採集できる貝がらや小枝，海草などをジオラマの材料に使えば，ステキな水族館ができ上がります。
　海草は，押し花のように白紙に貼り付ければ，意外に美しい色彩を見せてくれます。魚は，厚紙を切り抜いて形をつくって着色し，箱の天井から吊り下げます。ゆらゆらゆれて楽しい海の中の世界になるでしょう。

生活科

8

家族単元はお正月準備から

　生活科の中に，家族の仕事を調べさせ，自分がまわりの人の手助けで生活できていることに気付かせると共に，自分の役割は何かを考えて家の仕事を分担させ，自分がまわりの人の役に立っているという自覚につなげる学習があります。
　自己中心性の強いこの時期の子どもに，家族の大切さ，家族がいることの安心感，家族への感謝の気持ちを感じさせる上で，とても重要な学習です。
　けれども，現実には離婚や生活保護，DV（家庭内暴力），深夜まで起きているなど，様々な事情や問題が子どもたちを取り巻いています。そのため「家族単元は教えにくい」との印象をお持ちの先生方もいらっしゃるかと思いますが，お正月の時期を当てて，この学習のねらいを達成したいものです。なぜなら，**年末から年始にかけては家族が時間を共にする機会が多いので，家族単元を扱うのに絶好の時期**と言えるからです。

　道具はバケツと雑巾，洗剤の３つです。この３つを教壇において，「この３つの道具はお正月と関係しています。どう関係していますか？」と切り出します。そうすれば，すぐに年末の大掃除に行き着きます。
　次に「この道具はどこで使いますか？」と続けます。床磨きや車の掃除，換気扇洗い，お風呂洗いなど，いろいろな掃除の場面が想起できます。

それらの仕事を黒板に列記した上で,「これらの仕事を誰がやっていますか？」と尋ねれば,出てくる答えの多くは「お母さん」「お父さん」で,子どもはほとんど手伝っていない実態が浮かび上がるでしょう。
　掃除機やアイロン,洗濯物入れのかご,新聞なども追加して提示すれば,いかに家の中での仕事が多いかを具体的に示せます。
　このようにして出てきた仕事の中で,年末年始のお正月時期に何が手伝えるかを子どもに選択させて,「チャレンジ作戦」と題して勧めるとよいでしょう。

自分の役割は何？

　もちろん,「お正月の準備をしよう」という投げかけも好ましい指導です。年賀状書き,部屋の掃除,両親や祖父母への肩たたき,おせち料理づくり,お正月の飾り付け,庭の手入れなどを積極的に手伝わせることは,生活科で培う技能や態度の育成にもつながります。

生活科

9

方位と距離感：空間認知を鍛えよう

　平成元年に誕生した生活科ですが，今回の改訂までに20年が経過したことになります。人間にたとえれば成人です。そろそろ，しっかりとした理論と生活科ならではの方法論を確立しなくてはならない時期なのではないでしょうか。
　しかし，実際にはいくつかの弱点が気になり始めています。

　その弱点のひとつは，**低学年における空間認知能力の育成に失敗している**という事実です。低学年社会科が存在した時代に比べ，東西南北という基本方位さえ定着できていません。子どもたちからは，「あっちの方」「向こう側」「ずーっと行くと」というような表現しか出てこないのです。

また，**距離尺度もメートルなどを教えずにあいまいなままですませて
います**。「遠かったよ」「いっぱい汗をかいたので遠いと思う」というよ
うに，自己中心的な認知で終わっています。

　さらに記号化も不十分です。絵地図の中身を分析すると，稚拙な絵や
つぶやき程度の言葉の表記ですませているのです。事物事象を簡単な記
号で置き換える手順は，抽象化能力のファーストステップです。
　一方で，「生活科では自分と社会，自分と自然とのかかわりに気付け
ばよいので，絵記号などで客観化せずとも，文字で書き込むだけでよい」
と考える向きもありますが，**この年齢で培われるべき発達課題としての
空間用語や認知能力，抽象化能力の習得を軽視してよいのでしょうか**。

　かつて生活科が誕生した際にはあった，「子どもマップ」や「枝道も
探検して空間認知を養う」「絵地図づくり」などのていねいな空間認知
指導につながる手立ては，まったくと言ってよいほど今日，省みられな
くなっています。
　ましてや，小箱を重ねた校舎の教室配置模型，通学路の絵地図，町た
んけん案内地図，公園絵地図などをていねいに扱っている指導の事例が
とても少なくなってきているのです。

　先進国の教育カリキュラムで，9歳になるまでに基本方位や簡単な距
離尺度，簡単な平面地図の読み取りを教えない国はありません。米国や
英国の教科書や教材を点検してみれば，低学年からしっかりとした空間
認知能力の育成が図られている事実に驚かれるでしょう。
　地図が読めない児童を大量につくってはいけません。

生活科

10

にょろにょろ地図を描かせよう！

　低学年児童の手描きの地図を集めてみると，**道や廊下に沿って細長く地図を描く**傾向が見られます。これはある認知段階に特有のもので，専門的には「ルート・マップ」と呼ばれます。方位や縮尺，位置関係は正確ではありませんが，その反面，描かれた地図はとても面白いのです。

　例えば，「がっこうたんけん」で校舎内の地図を描かせれば，廊下の先に階段が稲妻のようにギザギザに付けられ，まるでアリの巣のように各教室が廊下にくっついて描かれています。1年生には，自分のクラスの天井の上に上学年のクラスがのっていることは，イメージできないのです。

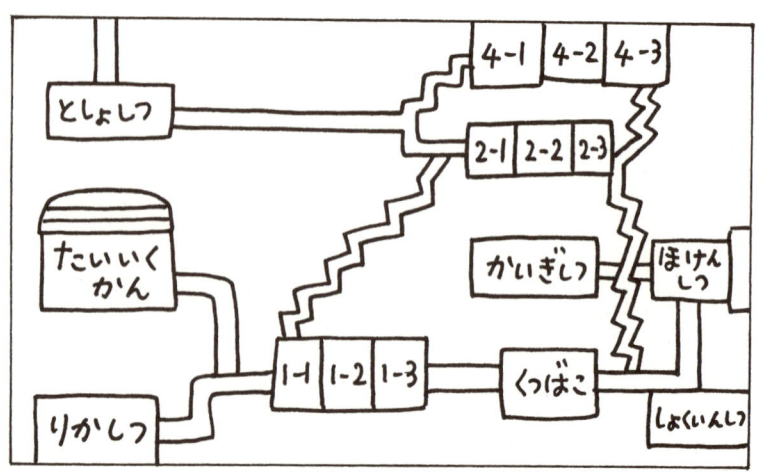

1年生の「にょろにょろ地図」

このような地図の中でほぼ正確であるのは，廊下（道）に沿って見られる事物の順番（普通教室の並び方）や，廊下のどちら側にトイレが描いてあるかです。

同じことは通学路の地図づくりでも同様で，まるで鉄道の路線図のように，**児童が思い出す順番に事物が道に沿って描**かれます。こういった地図を仮に「にょろにょろ地図」と呼んでおきましょう。こうした地図の描き方は，実はある程度大人にも見られ，わたしたちの頭の中には，総じて知っている道だけが伸びるにょろにょろ地図が残っています。

また，児童の場合，自分の住む自宅近くは詳しく描き，身近でない遠くは粗く描く傾向もあります。それほど，幼い児童の描く地図は自己中心的なのです。

こうした地図を描く子どもを，真上から見下ろした案内地図として町探検地図を描くことができるようにするには，少なくとも方位と縮尺を導入しなくてはなりません。縮尺の概念とは，紙面に描く空間を一律に縮小できることです。

ルート・マップが発達し，大人と同様に街路の平面地図が描ける「サーベイマップ」型になるには，年齢が9歳以上で，ある程度の空間体験がなくてはなりません。1年生の段階では，通学路だけを太く長く描くのではなく，通学路に平行に走る道路や交差点もほぼ正確に描けるように，次第に段階を高めて指導したいものです。そしてその後，2年生の「まちたんけん」では，大きな床地図や簡単な学校周辺の地図を用いて，指導にあたりたいものです。

なお，この頃の児童の描く地図については，寺本潔著『子ども世界の原風景』（黎明書房）を参考にしていただければ幸いです。

生活科 11

楽しい絵楽譜で音を描こう

　低学年児童は音に敏感です。「音当てクイズをします。目をつぶってごらん。これは何の音ですか？」などといった問いかけに興味津々です。
　テープレコーダーに、自然音（風や小川のせせらぎの音など）だけでなく生活音（台所の料理音やトイレの水を流す音など）や地域社会で聞くことができる音（電車の音や商店の売り声など）を録音して提示するだけで、楽しい学習になります。

　これらをまとめて聴き取り、音を絵として表そうと試みる手法が「絵楽譜」です。おススメなのが、**ある道に沿って音を聴き、横長細の絵地図風にして表す方法**です。川の土手に沿って歩く、商店街の通りに沿って歩く、学校の外周に沿って歩くというように、身近な町の中でやってみると楽しい音聴きの散歩になります。

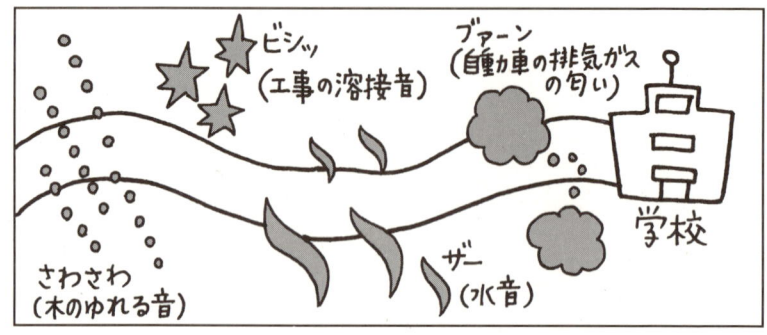

絵楽譜

静かな公園や，反対に工場の騒音などが耳に響く場所は，この作業には向きません。**適度な音を数種類聞き分けることができる道を，あらかじめ見つけておくことが大切な下調べです。**

総合に発展させて，透明五線譜で音を採集する方法も，高学年では面白い活動になるでしょう。TP用紙に五線譜をコピーして用意し，音を感じる場所の景観にその五線譜をかざします。そこに透けて見える事物を，五線譜の上に採集して（描きとって），それを音符として見るという方法です。

例えば，果樹園の樹木に実っているリンゴやみかんの位置，複数の電線にとまっている雀の位置，港に係留されている漁船の集魚灯の電球の位置，駅前に雑然と放置されている自転車の位置，歩道に飾られた花の位置などを，五線譜にマークして音符として採集するのです。

五線譜への採集ができたら，絵楽譜と合わせて表現し，楽器で演奏するのも面白い学習になります。詳しくは，寺本潔・大西宏治・長谷川有機子編著『エコ地図をつくろう』（黎明書房）を参照してください。

生活科
12

ミニトマト，枯れたらどうする？

　ひとり一鉢でミニトマトや朝顔，マリーゴールドなどを育てる栽培活動があります。枯らすことはほとんどないのですが，まれに水をやりすぎたり，土や種自体が悪かったりして，枯れることがあります。
　教師は，一人の児童だけの鉢が枯れてしまうと，それを自分の指導のミスと受け止めがちです。もちろん，失敗も学習のひとつなのですが，実際は全員の鉢がうまく育つように指導し，全員に栽培の喜びを味わわせたいという思いがあるからです。

　そこで登場する隠し技が，スペアの鉢というわけです。つまり，**子どもたちがひとり一鉢栽培している背後で，教師もさりげなく鉢で栽培しておく**のです。
　そして，万一，枯れそうな子どもの鉢を見付けたら，その鉢と入れ替えます。鉢に名前が書いてある場合には，鉢の中身（土と植物，支柱など）を入れ替えます。

　入れ替える際は，枯らした子どもに内緒で替える場合と，「枯れそうだから，先生の鉢と交換しようか」「枯れそうな鉢は先生が世話する鉢植えの病院に入ってもらって元気にするから，その間こちらの鉢を育ててね」などと子どもにことわって交換する場合が考えられます。いずれがよいかは，それぞれの判断にお任せします。

I 生活科の技とアイディア

内緒で替える

子どもにことわって替える

　子どもは案外，見ているようで見ていないので，自分のミニトマトが交換されて，週明けに急に元気になっていても，気付かないものです。気付きの質を高めるねらいと反する指導ですが，ミニトマトパーティなどの活動につなげるためにとる裏技です。

33

生活科

13
動物飼育は「つけない・ふやさない・死なせない」の３原則で

ウサギやモルモット，チャボなど，小学校の飼育小屋には必ず動物が飼われています。動物とのふれ合いは，生命の尊さを知り，愛護の精神を養うためにも重要な体験です。

この動物飼育に関して，教師として最低限知っておかなければならない３原則があります。それは，第一に「つけない」です。「つけない」とは，「菌を身体につけない」ということ。飼育小屋には腐敗したエサ，動物の排泄物などがあり，わたしたちが考える以上に多くの細菌がいるため，児童の健康への影響を心配しなければならない場面が出てきます。

昨今のように鳥インフルエンザが発生した場合などにはなおさらです。

そこで，**飼育小屋に行ったら必ず手を洗わせることを指導の鉄則に**してください。動物を触っていなくても，付近にある食器や土や壁に触っているかもしれません。

さらに，できれば動物に触る前にも手を洗わせることをおススメします。児童の手についている菌を洗い流してから，動物とふれ合わせるのです。これは，動物を児童の保有する菌から守る手立てです。

次に「ふやさない」は，妊娠させないということです。オスとメスを一緒に飼わないこと，やむを得ず一緒に飼う場合には飼育コーナーに仕切りを設けること，そして安易に追加の動物を小屋に入れないことが大切です。

かつて，増えすぎたウサギを殺してしまったある小学校の教員のことが報道されました。そのようなことが起こるほど，この問題は深刻です。エサの問題だけでなく，増えればそれだけ糞も多く生じます。

児童の体験度を上げたくて「1学級に1，2匹のモルモットがほしい」と思いがちですが，1匹のモルモットに複数の名前が付いていても結構です。隣のクラスと共有しながら飼育してください。

最後の原則が，**「死なせない」**です。水換えとエサやりを欠かさない，定期的に飼育小屋を掃除する，抱きすぎたり，追いかけたりして動物にストレスを与えすぎない，獣医さんと密に連絡を取れる態勢にしておくなどの配慮で，動物の寿命を伸ばす飼育を心がけてください。

飼育動物が死んでしまった際に，お墓を設けるのを嫌がる教師もいますが，可愛がっていた動物が死んでしまったら，お墓をつくりたいのは自然な感情の表れです。どこかのコーナーに墓地を設けてください（ただし，ロウソクや線香などは管理上危険なので避けます）。

Column
正しい手洗いのやり方

　動物と楽しくふれ合った後は，必ず手洗いを励行させましょう。大腸菌や鳥インフルエンザウィルスに感染する怖れもあります。
　感染症から身を守るためにも，下のイラストのような正しい手洗いを心がけることが大切です。
　もちろん，日常の給食時にも洗うよう習慣づけることが大切です。また，清潔なタオルや手ぬぐいを使わせることも忘れてはいけません。

① 手をよく濡らし，石鹸をつけて泡立てる

② 手のひらと甲を洗う

③ 指のあいだを洗う

④ 指先をよく洗う（反対の手のひらをひっかくようにする）

⑤ 手首までしっかり洗う

⑥ 石鹸をよく洗い流す

総合的な学習の時間
の技とアイディア

総合

1 ワークショップ型の運営手法を習得しよう

　総合にはグループに分かれて考え合ったり，製作に励んだりするワークショップが似合います。なぜかと言えば，総合は教師主導で授業を動かす時間ではなく，子ども主体の時間だからです。
　あくまで子ども自身が本気になって追究したいテーマを選び出し，体験的に学びながら，現代的な課題に接近するからです。環境や福祉，国際，情報，キャリア教育など様々なテーマにいかに本気で取り組ませるか。そのための授業の運営手法がワークショップであり，教師はこれを習得しておく必要があります。

　ワークショップ型の授業とは，一言で言えば合議（合意形成）のある授業です。比較的小さな規模のグループで話し合い，メンバーはできる限り異質な考えやプロフィール，属性を持っていた方が面白い結果が生まれるのですが，普通の教科の授業ではそうはいきません。基本的には学ぶ内容が教科書で決まっていて，それを学級単位で学ぶからです。
　一方，総合は，学級の枠を取り払ったり，異なる学年と交流したりする場面が多く，内容も決まっていません。したがって，いかに各人の個性的な考えを引き出し，創造的な雰囲気をかもし出すかは，指導者である教師の大切な力量となります。つまり，**教師にはファシリテーター（進行役）**という役割が求められるのです。

ワークショップで話し合いを持つ場面で教師が心得ておきたい基本事項は，次の4つにまとめられます。

① 魅力的な切り口のテーマを設定すること。
② 意外性と必然性が感じられるグループ分けにすること。
③ 冒頭に雰囲気を和らげるアイスブレイクの活動を挿入すること。
④ 合意形成のための準備や道具を用意すること。

それぞれのポイントを順に解説してみましょう。まず，意外に配慮されていないのが，①の「魅力的な切り口のテーマを設定すること」です。例えば，「学校の近くの川の環境をどうすれば改善できるか」が総合の単元の目標となっている場合，テーマを「○○川が昔のように水遊びのできる川に変身するためには，何が必要ですか？」というような，考えたくなるような切り口で設定することが大切です。

魅力的な切り口のテーマを設定する

②の「意外性と必然性が感じられるグループ分けにすること」については，例えば「好きな動物の名前をカードに書いてください」と言い，書いたカードを胸に貼り付けさせて，類似のカードを貼っている人とグループを組ませたり，誕生月ごとに分け，四季でグルーピングしたりと，意外性と必然性が感じられる分け方でグループを組ませることをおススメします。

グループわけには意外性と必然性を

　③は「冒頭に雰囲気を和らげるアイスブレイクの活動を挿入すること」です。歌をうたったり，ちょっとした自己紹介や隣の人に成り代わって紹介する他己紹介をしたり，腕を組み合って輪をつくったりするなど，体や頭を動かして楽しむ5分程度のアイスブレイク（氷のような冷たい雰囲気を壊す）の活動を用意することが，その後の集中力を高め，場の雰囲気を和らげるのです。

最後の④「合意形成のための準備や道具を用意すること」は，話し合って意見を書きとめ，まとめるための大きめのポストイット，黒板やホワイトボード，マジック，短冊，模造紙などを用意することです。

　ワークショップは，協同する学びの姿にぴったりの授業形態です。「教える者」と「教えられる者」という上下関係も生じず，和気あいあいの雰囲気で時間が楽しく過ぎていきます。

　批判は厳禁。相手にアドバイスする気持ちで「たぶん……じゃないかな？」「こうすればいいかもしれないね」「ありがとう，○○さんの意見もいいけれど，やっぱりわたしはこちらの意見がいいと思います」というような言い方が自然にできるような学級づくりを目指したいものです。

　専門家の定義では，「ワークショップでは，一人では決して思いつかなかったアイデアが出てきたり，自分だけだと抜けられなかったところから大きく踏み出せたり，グループの相互作用の中で，大きな力が生まれてくる。(中略) 共通の関心を持つ仲間に出会って，共にどうしたらいいのだろうと問いあい考えていく中で，前向きに取り組んでいこうという大きな勇気や希望を得ることも多い」とも解説されています（中野民夫著『ワークショップ―新しい学びと創造の場―』岩波新書，2001年，p.156より引用）。

総合 2

課題や疑問を「視える化」しよう

　学習問題を解決する過程で，達成目標を数字で示したり，課題をリスト化したりするのは一般的です。例えば，地域のゴミ問題を扱う際，ゴミの減量化への数値目標を立てて，その実現のために何を成すべきかをリスト化したりする場面があります。
　けれども，解決への道筋の中で複雑な事柄を解読することやきちんとした段取りが要求されるような学習問題の場合は，達成目標や課題をはっきりと数字やリストで示すことは容易ではありません。

　そのような場合におススメしたい手法が，**課題を写真に撮って提示する方法**です。
　発展途上国の暮らしの改善を考える開発教育という分野でしばしば用いられる「フォトランゲージ法」（例えば，ある国の家の台所を写した1枚の写真が何を語っているのかを読み取ったりする方法）や，学習者自身が撮影した写真から自分の問題意識の傾向を知る「写真投影法」など，写真は学習者が課題を設定したり，自分の関心がどこにあるかを表示したりするのに有効です。
　また，追究したい内容が写っている写真を多角的に分析しようと心がけ，写真に付箋を貼って分かったこと・疑問に思ったことなどを記す，共著者である山内が考案し「お尋ねマップ」と名づけた教材開発法もあります。

つまり、**目標や課題の設定につながる意見や疑問を、自分にも分かるように書き出したり、マークしたりして、視覚化した方がよいのです。**いわゆる「視える化」を促すのです。

　さらに、例えば体育でゴールを切る自分をイメージさせるなど、目標や課題の達成に向けた取り組みの中で、メタ認知を働かせて達成時のシーンを想像させることも、大事な布石となります。

　また、難しい面もありますが、**取り組みの成果は数字で表すと達成感が得やすくなります。**成果を数値的に測定するのが容易な課題の場合はもちろん、省エネ作戦やゴミの減量、CO_2の削減などの場合でも、成果を数値で示せるとよいでしょう。

　例えば、前述の開発教育の場合なら、「日本人の食事1食分のお金で、○○人分の飢えが解消される」などのように示せるでしょう。安全な水がいかに大切かを考えさせる場合も、「これだけ節水すると、環境負荷がこれだけ低減する」といった数字による成果の提示が決め手となります。また、CO_2の削減に取り組んだ場合でも、「今回学校全体で削減できたCO_2の量は、木を何本植えたのに相当する」というように、具体的な換算値で表せるとよいでしょう。

総合
3

大人の承認でやる気が増す

　課題の達成体験を積む過程で，信頼できる大人に自分の活動や学び，そしてその成果を認めてもらうことは，嬉しい経験になります。教師や親は学習と生活両面における審判者だからです。

　例えば，子ども自身が取り組みたいプロジェクトに対し，親もプロジェクトの構想が書かれた紙にサインをしてあげること，また，教師や親以外の地域の大人も，子どもの課題解決に対して途中でコメント文を記入してあげたり，助言してあげたりすることなどが大切です。
　大人による適切な助言や励ましで，子どもは課題達成への意欲を継続できるでしょう。

そして，子どもが課題を達成できたら，「よくやったね」という思いを子どもに届くように伝えます。**たとえ成果が上がらないで失敗に終わっても，大人が冷静に見て，途中まででもできている部分を認めてあげる配慮をする**ことが，子どもを伸ばすことにつながるでしょう。

反対に，大人による否定的な助言や消極的な対応は，子どもの課題達成に対する姿勢を減退させます。かと言って，先走ってよかれと思ってする指示や助言も，子どもの達成体験には結びつきません。

米国の環境教育家であるR.ハートは，子どもの社会への参画の段階をはしごのモデルを使って提示し，大人の操りによる参画やお飾りとしての参画（例えば，「交通事故を減らそう！」と書いたプラカードを持って行進する子どもたちの目的が，その後にもらうおやつである場合などを指す），そして見せかけだけの参画は「非参画」であるとして批判しています。このような「非参画」のままで留まっていては，総合でねらう本物の達成体験には至らないのです。

日本においても，もっと大人たちが子どもの活動を認めるべきでしょう。千葉県旭市では，中学生が本格的に市の基本計画策定に関与し，中学生によるまちづくり案発表会が開催されています。子どもが市制に参画する時代がやってきたのです。公園の設計や河川敷の使い方，住宅地内の路地やスポーツ施設の利用などについて，子どもの意見表明を認めてあげたいものです。

詳しくは，寺本潔著『総合的な学習で町づくり』（明治図書）を参照してください。

総合

4

ポスターセッション：
場の盛り上げ方のコツ

　グループごとに，多目的室や廊下スペースにつくられたコーナーブース（必ず，長テーブルと背後にポスターが貼れる壁かボードが必要。各ブースは発表時に声が重ならないように最低4～5m離す）に分かれて，自分たちの学習の成果をポスターにまとめて発表する，「ポスターセッション」という発表方式があります。

　例えば，40人の学級が5人ずつの8グループに分かれている場合，発表グループを2つに分けて，前半の4グループが発表する間は後半の4グループがお客さんになり，その後，後半の4グループが発表する間は前半の4グループがお客さんになる（各グループは同じ発表を4回繰り返す），というのが一般的なやり方です。
　しかし，これでは聞き手の人数が1グループあたり平均で4，5人と少なくなり，場があまり盛り上がりません。

　盛り上げたいと思ったら，8グループを3つに分けて，前半3グループ，中3グループ，後半2グループとし，お客さんの数を多くするのが効果的です。
　例えば，前半の3グループがコーナーブースで発表しているとき，残りの3グループと2グループの子どもたちがお客さんになるので，15人の発表に対して25人が聞き手に回るというわけです。さらに，後半

の2グループの発表のときには,聞き手は30人になります。

このしかけがポスターセッションを盛り上げるのです。一般に,聞き手の数が多いほど,発表は盛り上がるからです。この分け方でももちろん,聞き手はどのブースの発表から聞いても自由なので,和やかな雰囲気で回れます。

なお,この場合は,前半と中のグループは同じ発表を3回,後半のグループは2回,するように指示します。そうすることですべての発表を聞くことができます。

ところで各グループの発表時間は,「2分程度にしてください!」などと曖昧に伝えてはうまくいきません。コツは「1回当たり120秒で発表してもらいます!」と秒単位で表現すること。こうすることで,緊張感が高まって,うまく運営できます。

なお,各発表が終わる30秒前に,教師が小声で「30秒前です」と告げると,発表者にとって残りの時間の長短がつかめて便利です。

発表時間は秒単位で

総合 **5**

絵文字で会話に挑戦！

　新しい学習指導要領では，国語科だけでなく，全教科において**言語活動や言葉の重視**が唱えられています。もちろん，正しい日本語の習得が中心となり，資料の読解力や発表力の伸長なども要請され，言語力を軸にした表現力全体の育成も視野に入れられています。

　また，社会科の中では，第５学年に情報化した社会を扱う単元も強化され，わたしたちの身のまわりの様々な情報ツールの存在に気付き，それらを正しく使いこなす態度やマナーを身に付けることも求められています。

　そこで，総合で「**絵文字を使いこなそう**」という単元を新設してはいかがでしょうか。今や，携帯電話の絵文字の世界はすごいらしいのです。愛知県におけるある調査では，小学５年生の３割が，中学生の６割が，自分用の携帯電話を持っているそうです。

　「悪いサイトにアクセスしないだろうか」「中傷メールを受け取っていないだろうか」などと心配が絶えない携帯電話の世界ですが，絵文字や顔文字の創作と活用は若者の間で人気です。ほとんど漢字を使わないで，絵文字だけで相手と意思を伝え合う中高校生もいるそうです。

　ある程度絵文字言語のルールや中身を学級で確認した後で，実際に互いに絵文字会話文をつくり，「この絵文字は何を伝えたいのでしょう

か?」とクイズで聞き合えば,楽しいひとときになりそうです。

　そして,「絵文字を入れて俳句をつくろう」とか,「学級のきまりを絵文字で標語として表そう」などと持ちかけたり,エジプトで用いられていた象形文字(ヒエログリフ)との違いなども研究させたりできれば,総合として成立できます。

　言葉が乱れるとか,表現力が身に付かないなどと目くじらを立てないで,遊び感覚で絵文字の世界をのぞいてみてください。絵文字で子ども同士や教師との心理的距離が縮まればよいのではないでしょうか。

総合 6

テレビ番組に評点を付けよう！

　グルメ番組，旅行番組，クイズ番組，スポーツ番組，ドラマなど，テレビは会話を生み出す素材（話題）でいっぱいです。
　けれども，単に好きな番組を眺めているだけでは，メディア・リテラシーは高まりません。

　そこで，例えば「我が家のテレビ番組通知表」なるものをつくって配布し，週末に家族で見た番組に評点を付けさせてはいかがでしょうか。**実用点，教養点，娯楽点の３観点について５段階評点を付ける**ようになっている評点記入シートを配布して，見た番組についてチェックさせるのです。
　その際，**時間帯をある程度指定した方が，学習として成立しやすく**なるでしょう。例えば，「土曜・日曜の午後６～10時の間に見た番組だけをチェックしてください」というように指定しておけば，同じ番組についての批評を伝え合い，話し合うことができて，面白いでしょう。

　例えば，料理番組を「この番組は，和食を本当においしそうに紹介しているね。盛り付けや色使いがためになるね。実用点５だね」「へー，懐石料理って言うんだね。教養が身に付くね。教養点４だね」「クイズ形式が面白いね。娯楽点４！」などと家族で指摘しながら視聴し，それを教室で報告し合います。

そして,「どういった番組を選んで見た方がよいのか」について討論させるのです。教師も自分が見ている番組について紹介し,番組選びの視点も教えてください。

　あるいは,ある番組を録画したものを用意して全員で視聴し,「このクイズ番組のタイトルと回答法を考えた人は頭いいなー！」「この競技を中継しているカメラのアングルが上手いね」などと番組のつくり方そのものについての批評を愉しんでもよいかもしれません。

　さらに,コマーシャル（CM）について意見を発表し合うのも面白いでしょう。

　「僕は,○○社の車のCMが好きだな」「どうして？」「だって車の顔がカッコよく映っているから」「登場のさせ方が工夫されているね」とか,「お母さんの好きな化粧品のCMは○○です」「この会社の化粧品は自然素材が使ってあって肌にいいそうです。だから,自然の風景を映したCMにしていると思います」などといったように,テレビで放送されているものを批評的に捉える力が身に付きます。

総合 7

地域安全マップをつくろう！

　小学校の学区の道について詳しいのは，今や子どもと散歩好きの高齢者だけになってきています。

　けれども，最近の子どもの場合，通学路以外の場所へはあまり行動範囲が広がっていない実態もあります。保護者が交通事故や犯罪にあうことを心配し，子どもの出歩きを制限しがちであるという点もさることながら，子ども自身がテレビゲームなどの室内型の遊びを好む傾向にあることも，そうした実態に拍車をかけています。
　また，保護者の中にも学区をほとんど歩いていない人がいます。案外，決まった道しか使わないため，路地や通勤経路の反対方向は知らないという傾向にあるのです。

　そこで，子どもたち自身が学区を歩いて危険箇所を確かめ，安全を守る「こども110番」の家の位置などを記入した「地域安全マップ」をつくることに，総合の時間で挑戦してみてはいかがでしょうか。
　学区を1，2時間かけて歩き回ってみれば，枝道や空き家，落書きの多い高架下，シャッターの下りた空き店舗，広い駐車場などが発見できます。
　「大通りの横にこんな小道もあったのか」「あれ，あの建物がなくなっているな」「この公園は確かに閉鎖的だな」「歩く人の身になってみる

と，この交差点は危ないな」などと思わずつぶやきたくなる街角を，いくつも発見できるでしょう。そういった場所を，分かりやすい記号を使うなどの工夫をして，地図に表すのです。

子どもたち自身が危険箇所を確かめる

　さて，地域安全マップをつくる準備としては，まず住宅地図（縮尺1500分の1地図）が用意できれば，一歩踏み出せます。この住宅地図には表札から分かる家屋の屋号や居住者名がのっているので，地図の判読能力が弱い子どもでも比較的分かりやすいからです。自分のよく知っている街の地図であるだけに，体験的な読み取りができます。

　まず，通学路をマークし，さらに「こども110番」の家をマークすれば，地図製作の下準備ができます。

次に，人が集まる駅やスーパーマーケット，公民館，広場，学校などをマークします。さらに子どもたちに人気の公園，学区の代表的な塾，コンビニエンスストアなどを別の色でマーク。これらの作業を通して，住民の行き先や子どもの消費生活行動の一端が分かってきます。

　実際の総合の授業では，児童をいくつかのグループに分けて，「学区防犯点検歩き（防犯ウオーキング）」を行います。各グループで分担して学区を歩くのです。
　まず，学区の地図を分担の区分に合わせて分割し，適度に拡大コピーしたものを，ウオーキングのグループごとに人数分渡します。子どもたちはその地図を持ってグループで担当の範囲を歩きながら，各自が気付いたことを記入します。
　そして各自が記入してきた内容を，後からグループで集約します。このとき集約しやすいように，あらかじめ「入りやすくて見えにくい場所」「事故が起きそうな地点」「時間帯によって危険な場所」などの記入アイコンを決めて調べると便利です。
　そして，最後に，各グループの地図をつなぎ合わせれば，学区全体の地域安全マップのでき上がりです。

　地域安全マップは，古い情報のままになっていては効力を発揮しません。1年も経てば道や建物が変わるからです。
　さらに新1年生は毎年入ってくるので，新入生が入る4月に，例えば6年生が1年生と共に歩いて危険な場所を教えてあげる学習ができれば，いっそう効果が上がります。
　この場合，学区で安全を守ってくれている人や施設を調べ，挨拶したり場所を確認したりして，子ども自身の危険回避の能力を高めていくよう配慮したいものです。

総合 8

家電歴史年表づくりから賢いエネルギー使用を考える

Ⅱ　総合的な学習の時間の技とアイディア

　社会科では，戦後の国民生活の変化について，社会の動きと絡めて学習する単元があります。小学校では第6学年の後半，中学校では第2学年の歴史的分野です。

　その内，小学校社会科の学習指導要領では「（前略）戦後我が国は民主的な国家として出発し，国民生活が向上し国際社会の中で重要な役割を果たしてきたことが分かること」と学習内容が位置付けられていて，高度経済成長の捉え方が焦点となっています。

　けれども，子どもにとっては高度経済成長そのものがもう歴史であり，過去の現象であるため，体験的な知識としては学べません。ですから，何らかの教材や教具を用意してこの単元を扱う必要があります。

　そこで，お手軽な指導例として，総合とドッキングさせて，自分の家の家電利用の歴史を振り返って家電歴史年表をつくり，これからの電気の使い方に思いをはせる，という学習活動はいかがでしょうか。

　社会科の教科書や「昭和のくらし」の類の本や雑誌記事を参照すれば，いわゆる「三種の神器」（洗濯機，白黒テレビ，冷蔵庫）が家庭に普及し始めた1950年代以降の家電と乗用車の普及の様子がよくわかります。

　例えば，庶民はまず電気洗濯機から買い求めたことが分かってきます。それだけ洗濯は女性にとって大変な家事労働だったのです。多くの小学校では3年生の昔の暮らしを学ぶ学習場面で，洗濯板を使った洗濯

の体験学習を行います。そこで経験した洗濯板による手洗いの辛さと効率の悪さから，家事に縛られていた当時の女性の生活を想像させながら，自分の家で過去に購入し，使っていた家電製品を調べさせるのです。

　家電製品会社の大手であるパナソニックの創始者の松下幸之助氏は，女性を助ける家電を意識していろいろな製品を開発したとされています。パナソニックのHPも充実しているので，一度ごらんになることをおススメします。

　電気洗濯機の次に普及したのが電気冷蔵庫です。家事の代表格である洗濯と料理の労働量を大幅に減らした家電の普及は，高度経済成長の輝かしい光でした。電気洗濯機と電気冷蔵庫の普及率がわずか10年で9割をこえたことから，これらがいかに求められていたかが分かります。

　さらに，その次に求められたのが乗用車とカラーテレビでした。核家族という新たなファミリー像を形づくる上で欠かせなかったのです。

　さらに細かく見れば，洗濯機は手まわし絞りが付いたものから2槽式の脱水機付きのもの，全自動のものへと機能が発達し，冷蔵庫は小型のものから大型のもの，冷凍庫やチルド機能などが付いたものへと発達し，乗用車も大型化と多機能化が成し遂げられました。

　これらの**家電の普及過程**を，親や祖父母からの聞き取りによる「我が家の家電歴史年表づくり」を通して学習することは，高度経済成長を実感的に理解するきっかけとなります。

　具体的には，冷蔵庫を初めて買った時期やいつ，どれくらいの大きさのものに買い換えたか，テレビを初めて買った時期やいつ白黒からカ

ラーに，そして大型のものに買い換えたか，洗濯機を初めて買った時期やいつ二槽式から全自動のものにしたか，自家用車を初めて買った時期や，大型化や複数所有への変遷はどのようだったか，エアコンや電子レンジが家庭に入ってきたのはいつか，などについて調べさせます。

　そして，**家電製品がわずか30年の間に急速に進歩・普及してきたこと，省エネタイプが発明されているにもかかわらず消費電力量は伸び続けていること**を押さえたいものです。

　指導の順序は以下の通りです。

① 年表の，家庭で聞いてきた「我が家の家電購入年」の該当年のところに，家庭で撮影した家電の写真を貼らせる。
② でき上がった年表を使って，家庭で聞いてきた親の幼かった時代（昭和50年前後）の暮らしと社会の様子を発表させる。
③ 教科書に掲載されている戦後の家電製品の普及グラフを提示し，年表の①以前の年代のところに，「昭和のくらし」の類いの写真集や暮らしの博物館の資料などからコピーした家電の写真を貼らせる（祖父母からの情報を持っている児童がいればエピソードを紹介させる）。
④ 戦後の家電製品の普及と我が家の家電購入の年とをつなげて，「国民生活はどう変化してきたか」を考えさせる。
⑤ 国内の電力使用量（発電量）のグラフを提示し，家電製品と電気使用の関係をつかませる。
⑥ 記憶に新しい過去5年間の家電購入の話題（液晶テレビ，省エネエアコン）を数名の児童か教師自身の家庭での事例から語る。
⑦ 省エネタイプの家電の普及と電気使用量の増加の矛盾を考える（→家電の総量増加と世帯数の増加に気付かせたい）。
⑧ 電気使用を増やさない「エコで賢い家電使用とは？」を考えさせる。
⑨ 日本の歩みと同じように隣国の中国でも家電製品が普及しつつあることにふれ，これからの電力使用と地球温暖化問題に視野を広げる。

総合 9

国際理解は
地球儀モビールづくりから

　国際理解教育を推進したいと思ったら，教室環境から変えてはいかがでしょうか。万国旗や外国の風景写真，民族服，外国産のお土産などの展示物で，国際色が教室に持ち込まれ，雰囲気が出ます。
　さらに，子どもたち一人ひとりが製作して飾ることができるおススメのものがあります。それが，地球儀のモビールです。

　つくり方は簡単です。教師はあらかじめラフに描かれた六大陸の図が印刷された，右頁の図の左下にあるような台紙（厚紙）を作成します。子どもたちは，色鉛筆で大陸は茶色に，海洋は水色に塗り，油性ペンで主な地名を書き，赤色で日本列島を縁取り，赤道を引きます。
　そこまでできたら，はさみで丸く東西半球を1枚ずつ切り出して，貼り合わせます。その後，穴あけパンチで北極点付近に穴をひとつだけ空けて，そこにひもを通します。そのひもを天井から吊り下げれば，きれいなモビールのでき上がりというわけです。

　この方法は，知人のアメリカ人小学校教師に教えてもらいました。
　もちろん，**この製作の前か後に基本的な地球儀の見方を教えると**，いっそう効果的です。基本的な用語として，東西の半球，北極・南極，世界の六大陸名（南極大陸も含む），三大海洋名（太平洋，インド洋，大西洋），赤道，経線・緯線の意味くらいは教えておくべきでしょう。

新しい社会科の学習指導要領では，小学校5年生の学習内容に世界の主な大陸と海洋名，主な国々の名称が入ってきました。また，地球儀についても重要視されています。

　総合と関連付けて地球儀モビールをつくり，教室を飾りましょう。

台紙

Ⅱ　総合的な学習の時間の技とアイディア

総合 10

日本の伝統・文化は茶の湯から

　手軽で効果抜群の体験活動のひとつとして，日本の伝統・文化体験があります。能や歌舞伎，和楽器，柔道，お祭りなど地域で体験できる和文化は多いのですが，その中でも**茶道・華道が最も手軽**です。

　室町時代に確立された茶道や華道は武士が好んだ文化ですが，今日まで広く受け継がれてきました。けれども，生活の洋風化が進み，自宅に和室や床の間のない家庭も多くなっています。
　このような生活環境にいる子どもたちに茶道を体験させる際は，細かい作法に神経を尖らせるのではなく，ゆったりとした気持ちで正座し，抹茶（薄茶）をいただくことに重きをおきたいものです。

　学校内に和室がなければ，近くの公民館を利用するとよいでしょう。保護者の中には茶道の免許を持っている方がいらっしゃるはずです。ゲストティーチャーとしてお呼びし，茶器や掛け軸，床の間，茶室に付随している庭などの和文化の意味を児童に伝えていただいてははいかがでしょうか。もしかすると，児童を落ち着かせる効果もあるかもしれません。
　できれば，お茶に含まれる成分の効用や，お茶が持つ雰囲気の意味も，体験後に教えてもらうとよいでしょう。さらに外国のお茶も扱えば，国際理解教育にもなります。

また，華道（お花）も楽しい体験です。生花は高価なので，道端に生えている野草を用います。オアシスに切花を挿して草花の姿をめでる体験も，感性を磨くきっかけになるでしょう。
　日頃から花を教室に飾っているクラスでは，花の持つ効果がいかに高いかはお分かりのことと思います。

総合 11

日本の中の異文化，沖縄から学ぶ

　小学校5年生の社会科単元に「いろいろな気候の暮らし」があります。そこでは暖かい土地の代表として，必ず沖縄県が取り上げられます。

　社会科では，暑い気候を生かして栽培される農産物や，暮らしの中の工夫を扱いますが，この機会を生かして「沖縄文化から学ぶ総合」に学級で取り組んでみることをおススメします。

沖縄から何が学べるかといえば，5年生も最も興味を持つ**食べ物（食文化）が効果的**。沖縄の料理の多くは薬膳料理ですから，健康食です。ゴーヤーや昆布，パイナップルやパパイヤなどを中心に調理体験も交えて楽しく学習できます。

県庁所在地クラスの都市には沖縄物産店がありますし，定期的にデパートなどで物産展も開催されていますので，めずらしい食材も入手できます。

次に，**家庭に沖縄グッズがないかも調べさせ，あれば教室に持ち寄ら**せます。ガラス食器，焼き物，アクセサリー類，Tシャツ，紅型柄の小物，泡盛など，意外に多くの沖縄からの土産物があるはずです。

これらの由来についても調べさせ，教室を沖縄色で飾り付けても楽しいでしょう。

さらに，学区に住んでいる沖縄県人の方を招待し，沖縄言葉の紹介，沖縄の音楽，空手，エイサー，三線なども扱えば，もう教室は沖縄ワールドです。

異文化を知ることは自分を知る機会にもなります。沖縄研究を通して子どもたちと生き方を考える機会にしてください。

なお，沖縄をテーマにした総合学習については，寺本潔・嘉納英明編著『風土に気づき→地域を再発見する総合学習―沖縄発の新しい提案―』（明治図書）を参照していただければ幸いです。

総合

12 福祉は段差調べから
バリアマップづくりへ

　車椅子の試乗や目隠し歩行，介護体験と，福祉を取り巻く学習内容は総合のメニューとして定着しています。高齢者や障害者の身になって考える，福祉社会のあり方を話し合うなど，教室の中から学習の広がりを見せる場面も，充実した総合をつくる上で大事です。

　けれども，いきなりハンディキャップのある人の身になって考えることは，小学生にとって難題でしょう。むしろ，**学級全体で手軽に取り組める活動からスタート**したいものです。それが**地域にある段差調べ**です。

　安全に，内容のある調べ活動をするには，公共施設の玄関前やその近くの歩道上が適当です。多くの公共施設ではすでに，玄関までのスロープを設けたり，歩道との段差を極力小さくしたり，階段の1段の高さを工夫したりといったバリアフリー工事が進んでいるからです。
　そういった福祉の優れた面を取り上げながら，次第に街角の段差の多さや利用しづらい施設もあることに気付かせていく指導の流れが，無理なく学習を進展させます。

　調べ活動の道具として必須なのが，定規（巻尺も）と分度器です。歩道から玄関に入る際の段差は何センチか，スロープの角度は何度かなどを測らせます。

また，女性のハイヒールのかかとなどが入り込んでしまう側溝のふた（グレーチング）の格子の間隔，トイレのドアの幅，室内階段の高さなども測り，施設の中や外まわりのバリアマップとして建物平面図の地図の中に書き込ませます。

人に優しいまちづくりを学ぶ学習になる段差調べは，社会性や公共心の育成にもつながるでしょう。

総合 13

日常英会話は生活科教科書で

　新しい学習指導要領で，英語活動が必修になりました。35時間とは言え，第5・6学年では毎週何らかの形で英語にふれる機会が生じるわけです。これまでも総合の一環として外国語活動が行われてきましたが，新たな「時間」として英会話が独立したのです。
　このことは，単に英語に親しむというだけでなく，**英語を生きた言語として捉えなおす必要性が増した**ということを意味します。これを実現するためには，どのような学習活動を展開すればよいでしょうか。

　「英語ノート」と呼ばれる独自の副読本は国から配布されますが，それ以外にも，例えば生活科の1年生の教科書にヒントがあります。「学校たんけん」から始まり，「つうがくろ」「栽培」「夏のあそび」「秋みつけ」「冬とくらす」「わたしの1年間」などの**生活科の活動内容を英語で表現させれば，体験的に英語が身に付く**でしょう。
　教師の準備としては，生活科教科書に記されている「吹き出し文」や「用語」など必要なものだけを取り出し，それらを英訳しておけば十分です。しかも児童は全員教科書を保有しており，低学年で習った生活科を復習するような感覚で臨めるので，懐かしさも手伝ってとても楽しい時間になるでしょう。
　具体的には，例えば第5学年の英語活動の中に「生活科で英語しよ

う！」と題して数時間程度の活動を組むことができます。

　活動の内容としては，学校の中の平面図を用意し，第１学年の生活科でやった「学校たんけん」を模して，図の前で教室や施設について英語で紹介することが考えられます。

　あるいは，生活科単元「あんぜんなつうがくろ」をもとに，教室内の机の間や廊下を通学路に見立て，児童役と近所の方役に分かれて，通学路で出会った児童と近所の方が英語で挨拶し合ったり，近所の方から児童に安全に通学するための注意（"Take care."など）を英語で話したりするのはいかがでしょうか。

　そのほか，「あきのこうえんたんけん」では数種類の落ち葉を採集してどの色が好きかを英語で紹介する，「お手伝いしよう」では家族ですごしたお正月の出来事を英語で紹介するなど，生活科単元の英語バージョンを考えればよいのです。

　生活科教科書を片手に場面をイメージさせつつ，楽しく英会話ができます。

Column
ビンゴで楽しむ環境学習

　校庭や公園に出かけた際に手軽に楽しめる環境学習が「ネイチャー・ビンゴ」です。

　4×4の16ます目の枠を印刷した紙を用意して配布し，あらかじめその公園で見つかりそうなモノを調べて，その言葉（絵でもよい）をます目の中にランダムに記入させておきます。

　例えば，カタツムリ，いいにおいのする葉，空き缶，くもの巣，黄色い花などです。中には，「草相撲をする」とか「草原で寝転がる」などの行為も記入させておくとよいでしょう。

　そして，出かけた先で，実際に見つけたモノがあれば印をつけます。タテ，ヨコ，ナナメのいずれか一列のすべてのますに印が付けば「ビンゴ！」です。

　また，空き缶やタバコの吸殻，紙袋などのゴミが多い場所を清掃する場合には，片手に回収袋を持ってゴミを拾いながら「エコ・ビンゴゲーム」もできるかもしれません。

Ⅲ
特別活動の技とアイディア

特活 **1**

手形シートで学級の仲間づくり

　まず，握手をする自分の利き手の手形を画用紙に取って，切り抜かせます。これを学習のためのシートにします。

　次に，6人の学習グループを組み，各自が自分以外の5人の仲間に「わたしのいいところ，こんなところがすごいとか，いいなと思うところを書いてください」と投げかけて，5人それぞれに手形の指の部分に書いてもらいます。
　書く側は，「運動」「勉強」「心」の3視点から，その仲間のよいところを考えて書きます。例えば「足が速いね」「文字がきれいね」「朗読がうまいね」「いつも笑わせてくれるね」「掃除を手伝ってくれるね」「動物の世話がうまいね」などを指に記入するのです。
　誰からの記入であるかもわかるように，自分が記入した指の根元に氏名も書きます。5人全員が記入し終えたら，シートを本人に返します。

　自分のシートが返ってきたら，書いてもらった内容を読みます。そして，読んでどう感じたのか，感想を手の平の部分に書きます。
　「○○のようなところに気付いてくれてありがとう。もっと○○できるようになります」「うれしいよ。わたしのことをそんな風に思っていてくれて」といった，**感謝の言葉やこれからの自分の成長のめあてを記すのです。**

Ⅲ 特別活動の技とアイディア

　これで「手形シート」のでき上がりです。教室の後ろに模造紙を貼って，そこに全員分のシートをコラージュ風に貼り付け，掲示します。

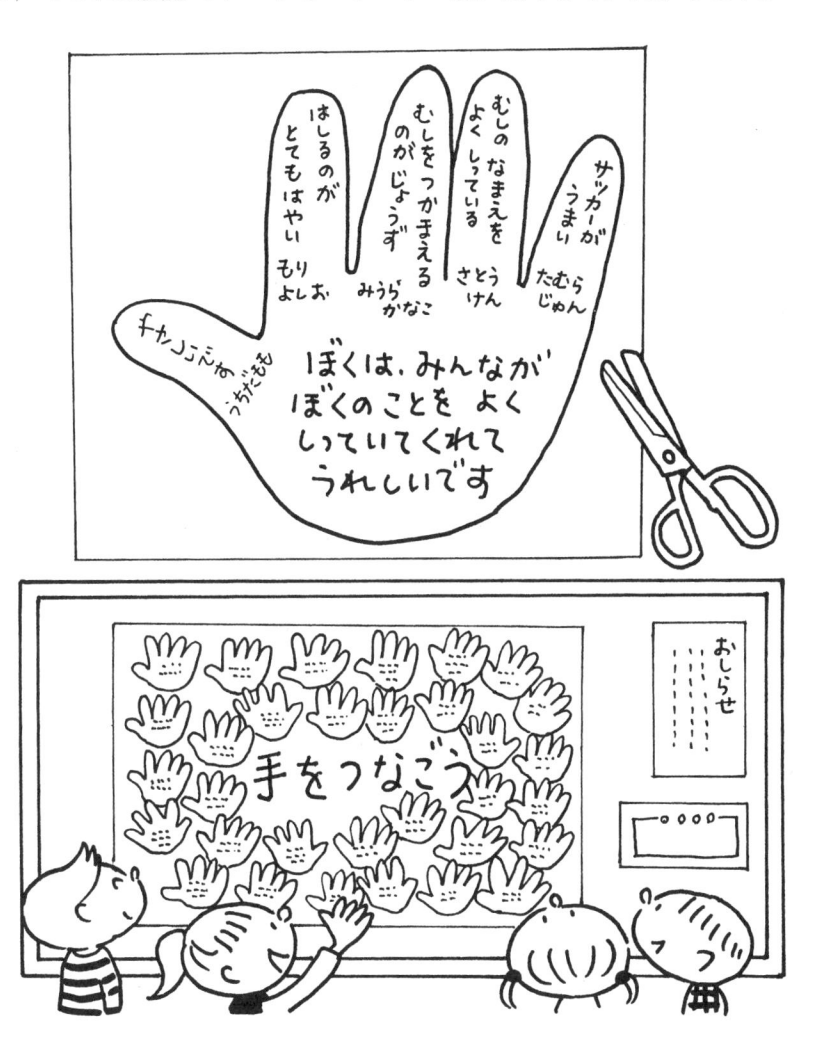

　新しい学年が始まって1カ月後くらいにこの手形シートづくりを実施し，できれば保護者の授業参観日に間に合うように掲示すれば，保護者の担任教師への信頼感も高まるでしょう。

特活 2

静かな朝読書が学級を落ちつかせる

　朝の学級はにぎやかです。そんな中で,「しっとり」とした雰囲気をつくってから1時間目の授業に入りたい場合は,朝読書がおススメです。

　朝読書は,朝のホームルームに当たる15分間の後半数分間か,全部を使って,できるだけ毎日行うと効果的です。教師の好みですが,クラシックのピアノ演奏曲を軽く流すとよいでしょう。

　朝読書を行うに当たっては,教師の基本的な姿勢として次の4点を大切に指導します。

① 好きな本を読ませる

　読む本は何でもよく，児童自身に選ばせます。ただし，コミックや漫画本は読んではいけないことにします。娯楽につながる本は避けるのがベターです。

　一人ひとり，興味や関心，能力や理解力はみんな違います。読む本は読みたい本，好きな本でよいことにすれば，子どもは自分の力で読める本から読み始めます。そして，少しずつ自分の力が伸びていくにしたがって，より難しいものへと進んでいきます。自分の読みたい本，好きな本を発見すること自体が重要なのです。

② ダラダラ読みは本を代えさせる

　「この本は面白そうだな」と選んでも，途中で読みたくなくなったら別の本に代えてもOKとします。ダラダラ読んでいても，読解力や感性は身に付きません。

③ 教師も読書し，学級一斉に行う

　朝読書の時間は，児童だけでなく教師も本を読みます。授業準備などをやりたくなりますが，グッと我慢して教師も椅子に腰を下ろします。

　学級全体で毎朝取り組んでいく姿勢が，一人ひとりの子どもに対して無言の影響を及ぼします。自分からは絶対に本など読もうとしなかった子まで，本を読む方向に確実に動かしてしまう大きな力になるのです。

④ 本を読むことだけで十分とする

　例えば感想文や記録付けのようなことを，一切求めないことです。本を読んでいるそのときが，楽しく生き生きと充実してさえいればよく，それが読書に対して前向きにさせる上で大切なのです。

特活 3

掃除指導で心の器を上向きに

「**掃除は，生き方ですよ**」と常に声をかけています。東京ディズニーランドが成功したのも，園内の清掃がポイントになっていることを子どもたちに話すと，興味を持つでしょう。

掃除の期間は，1カ月交替制がよいでしょう。1週間交替も試しましたが，ようやく掃除の仕方を覚え，軌道にのり出した頃に分担区の交替になるので，定着しないように思います。

清掃時には，必ず子どもたちの分担区へ行き，がんばったことを賞賛してあげます。そうすれば，教師にほめられて子どもたちの自発性とい

う心の器も上向きになっていきます。心の器が上向きになれば，さらに教師の指示や友だちの意見もくみとることができて，器の中に素直さや誠実さもたまっていきます。

反対に，心の器が下向きだと，教師の注意に反発したり，友だちと協力できなくなってしまいます。

もちろん，掃除の仕方をていねいに教えることも大事です。担当区の交替時に各箇所を回って指導するのがポイント。とりわけ，トイレ掃除については，より具体的に示す必要があります。

トイレ掃除の主な手順とコツは，次のとおりです。
① バケツにひとつまみ程度洗剤を入れ，蛇口の水を勢いよく流す。その後，手のひらでさらに泡を立てて，石鹸水をつくる。
② 石鹸水を手のひらですくい上げて，壁や床，便器にバシャバシャかける。
③ デッキブラシで力いっぱい磨く。
④ きれいな水をかけ，排水する。

学校に通う間に，子どもたちはいろいろな場所の掃除をすることになりますが，**特に「トイレ掃除」は教育的にも大きな効力を発揮**します。なぜなら，汚い場所をきれいに変えるからです。心もきれいに変える力があるのです。

トイレ掃除は，決して楽な仕事ではありません。だからこそ，ていねいに指導することによって，成果も大きく残ることでしょう。

特活

4 叱るときには「わたしメッセージ」が効果的

　教師はつい，「（あなたたち）静かにしなさーい！」「あなたが班長さんでしょう。どうして○○ができないの！」「（あなたが）水やりをサボったから枯れそうでしょう！」と，よくない行為をした児童に対して直接叱る言葉を放ってしまいがちです。

　目の前の児童（あなた）に対して指示や命令をするためのこういった言葉遣いを「あなたメッセージ」と言い，あまり児童に対して効果的とは言えない対処法です。叱る言葉を使うと，確かに一時的には行為を正すことに成功しますが，教師がいないときに再びその行為が出たり，「でも○○さんもやっているし……」などと責任逃れの発言が出たりします。

　ですから，教師は**行為自体を叱るのではなく，行為の背後に見える児童のココロに指示を与えたい**ものです。そのためにも，**叱る言葉を「わたしメッセージ」と呼ばれる教師からの願いや期待，心配を示す言葉**がけに変える必要があるのです。

　では「わたしメッセージ」とはどのようなものなのでしょうか。
　例えば，「（あなたたち）静かにしなさーい！」は，「静かにしないと，この時間の課題や勉強が遅れてしまいますよ。先生はあなたたちにしっかり勉強してもらいたいのです」と言い換えるとよいでしょう。
　また，「あなたが班長さんでしょう。どうして○○ができないの！」

は「あなたはリーダーシップがとれるから，班長さんに選ばれたのよ。今のままだとみんなから信頼されなくなるんじゃないかと，先生は心配していますよ」と，「(あなたが) 水やりをサボったから枯れそうでしょう！」は「あなたが水をやらないと，大切な学級のお花が枯れてしまうのではないかと，先生は悲しくなるわ」と言い換えると，「わたしメッセージ」になります。

あなたメッセージ

「あなたがサボったからよ」

わたしメッセージ

「先生は，あなたもお花も，心配なの」

　誰もが教師として，学級の児童によいしつけをしたい，規律正しい学級にしたいと願っています。「わたしメッセージ」による指導が上手になれば，次第に児童から自発性を引き出せ，児童との間の信頼関係も築けることでしょう。

特活 5

100円ショップグッズで教室大変身！

　教室はガラス面が多く，黒板や壁・天井面，掲示板コーナーなども地味な配色になっています。掲示物の下敷き色を統一し，学級訓もイラストや千代紙でカラフルに装飾するなどの工夫を施すのも，教室の雰囲気づくりには効果的ですが，もっと大胆に変化を楽しみたいときに大活躍するグッズがいくつかあります。しかも，それらは100円ショップで購入できるスグレモノです。

　そのグッズの代表格は，「すだれ」と「風呂敷」または「暖簾（のれん）」です。

　すだれは季節をイメージさせるもので，6月ごろから10月いっぱいまで掲示できます。

　すだれを単純に壁掛けとして吊り下げ，その上に作文・書道・絵画などの児童の作品や，遠足や運動会の写真，夏休みの注意事項をイラストにしたものなどを貼るだけで，教室の雰囲気がグッと変わります。

　6月以降には，すだれ面に団扇を貼り付ければ夏の雰囲気をかもし出せます。

すだれを使った演出では，100円ショップで販売されている造花も一役買います。季節を示す花を買い求めて，すだれの上に貼り付けましょう。そのほか，詩人の相田みつを氏による太い文字の詩や，係活動の担当者名を相撲の番付の書体で打ち出したものを掲示するもの一案です。

　また，すだれを，吊るすのではなく円筒形にして教室の片隅におき，その中に大きいポスターを丸めて入れたり，通学分団の旗を挿して保管したりするのも妙です。

　さらに，すだれを半分に切ったものを丸めて床に立てて，その中に照明を入れたり，天井に天蓋のように吊り下げたり（ただし蛍光灯の光を遮らないように）しても，教室の雰囲気を変えることができます。

　風呂敷や暖簾は，上品な和風の色合いを愉しむのに適しています。本棚の目隠しなどに暖簾を使ったり，藍色や朱色，抹茶色の風呂敷をバックにして，その上に児童が書いた新学期のめあてを短冊にして貼り付けたりします。

　また，社会科で作成した歴史新聞，図工で模写した家紋，音楽で使う和楽器（竹笛・小太鼓・琴・三味線）などを風呂敷と共にディスプレイしても，ステキな雰囲気をかもし出せます。

　重宝する100円グッズにはこのほか，**クリアファイル**があります。裏面の四方の角を壁面に画鋲で固定したクリアファイルに，児童の作文，計算プリント，取材カード，植物成長日記などを差し込めば，作品を汚さずにきれいに掲示できます（クリップで右上をとめておくとはずれにくくなります）。児童に「書けたら自分のファイルに差し込んでおきなさい」と指示するだけで，プリント類が掲示物に変身するのです。

　また，**プラスチックの箱やかご**も，提出ノート入れや落とし物入れに適していて，大変重宝します。

特活 **6**

ミニ討論で学級づくり

　学級づくりを考えるとき，児童間の関係づくりがその重要な要素であることは言うまでもありません。そして，人と人との関係づくりに欠かせないのが，**自分の思いや考えを相手に伝える力**です。

　けれども，学級の中にはなかなか発言力が伸びない子どももいます。そういう子どもがいる場合におススメなのが，**朝の会を使って順番に発言する機会を設け，人前で発言することに慣れさせる**ことです。
　例えば，「ちょっとひと言コーナー」という時間を設けて，一人ずつ順番に，日替わりのテーマについて話させます。テーマは「朝起きてからの出来事」や「今日の予定」「楽しみなこと」「今，自分が大切にしていること」など簡単に話せるものにして，各自，名前を言ってから話すことにします。

　筆者が小学校4年生を担任したときのことです。「ちょっとひと言コーナー」を始めた頃は各自てれくさいようでした。自分の気持ちをなかなか言えない子どももいて，全員で40分以上かかったこともありました。
　これでは1校時の授業に差し支えるため，何かよい方法はないかと考えました。そして「ひとり15秒以内」と制限時間を設定し，タイマーで計りながら行ったところ，15分前後で終えられるようになったのです。
　また，ぼそぼそとつぶやき程度の声しか出せなかったMさんも，「ち

ょっとひと言コーナー」を続けるうちに，だんだん大きな声でしっかり発言できるようになっていきました。そしてそんなMさんについて，学級の仲間から「先生，Mさん声が大きくなってるー！」「Mさん，上手になっているね」と，成長を認める声があがるようになったのです。ほめられたことで自信の付いたMさんは，国語の音読のときにも次第に大きな声を出せるようになっていきました。

このように，全員が発言する機会をつくることが，おとなしい子どもの仲間づくりのきっかけとなることもあるのです。

さらに，**帰りの会を使って行うミニ討論会**も，学級づくりにおススメです。あるテーマを設定して，二者択一・二極対立で行います。

具体的には，以下のように進めました。
① 教師がその日のテーマを告げる。
② 3～5分間で，その時点で持っているだけの知識で自分の意見を書く。時間になったら書けていなくても終わる。
③ 教師は書いたものを点検し，認めてあげる。
  ＊励ましてもまったく白紙の子が数人いる。そのような場合は無理をせず，人の意見を書くように指示する。これで「人の意見を聴く」という習慣はできる。
  ＊高学年になると書くのが面倒で書かないことがあるため，ときどきは「全員が書いたら先に進みます」と言って，必ず書かせる。
④ 書いた意見にしたがって二派に分かれ，討論を行う。

実際の討論の様子を紹介しましょう。第1回目のミニ討論会のテーマは「メロンとスイカ，どちらがおいしいか？」でした。

初めての討論ということで，はじめはお互い言いたいことをただ言い合っているだけでした。けれども，子どもたちは次第に，自分の考えを

言うだけでは限界があることに気づいてきたのです。考えの中に根拠がないために，同じ話を繰り返しているに過ぎなかったのです。

討論も終わりにさしかかった頃，「先生，お願いがあります。明日，もう一度チャンスがほしいです」とメロン支持派のA君が言ってきました。そしてA君は，帰りに図書館に行き，メロンの種類と栄養価について調べてきたのです。

次の日，A君はさっそく挙手し，「スイカ派の皆さんはスイカの種類を知っていますか？　僕たちメロン派はメロンの種類について発表します」と言うなり，果物図鑑を開いて説明し始めました。その後も，立て続けに栄養価等について詳しく読み上げます。メロン派の皆からは大きな拍手が起こりました。

スイカ派の子どもたちは，答えようがありません。"やられたー"というような顔をしていました。そしてあまりの悔しさに，その日インターネットでスイカの栄養や特徴について調べ，次の日に発表したのです。

その後も，「コーヒー対紅茶」「パン対米」というように，身近な食べ物を例にした討論会がしばらくの間続きました。

なお，上記以外にも，次のような討論のテーマが考えられるでしょう。
・サンタクロースはいるか？
・かき氷とぜんざい，どちらが甘いか？
・海と山，どちらに行きたい？
・犬と猫，どちらがペットとしてよいか？
・給食と弁当，どちらがおいしいか？
・学校に冷水機は必要か？
・宿題は必要か？
・男と女，どちらが得？
・学校にゲームを持ってきてもよいか？
・小学生が茶髪にしたりピアスをしたりしてもよいか？

子どもたちが二派に分かれて討論する形式に慣れたら，四派での討論にも挑戦してください。まず，討論するテーマに関して何がよいかを書かせる3分程度のアンケートをとります。そして教室を賛成・やや賛成・やや反対・反対というように4つのコーナーに分けて，アンケートへの回答にしたがって着席させ，それぞれで意見を言い合わせるのです。

　子どもたちも，いつもは賛成・反対の二派に分かれるところを，このときは四派に分かれて討論したのが楽しかったようです。印象に残っているのが，「意見のより近い味方がいるので安心できる」との声でした。

　ただ，消極的に「やや賛成」「やや反対」に流れないように注意しておく必要はあります。必ず，理由や根拠を持った上で着席させるのです。

　そんな中で，あるとき「悪口は暴力か」をテーマにして討論したことがあります。ちょうどその頃，A君とB君は喧嘩をしていたようで，2人とも興奮気味で，今にも取っ組み合いの喧嘩になりそうなくらいでした。そこで，「討論会の場で，本音をぶつけ合って話し合おう」と声かけをして，討論会を始めました。

　すると，最初は遠慮していた2人も，お互いの胸の内を吐き出すことで次第に落ち着いてきたのです。討論が終わりかけた頃にはニコニコしており，何だかすっきりしたようでした。

　討論会が終わった後，A君とB君に「改めて先生と3人で話し合う？」と聞いてみたところ，「もういいよ。何でもなくなった。ほら先生見て，このとおり仲直りしたよ」とのこと。さっきまで喧嘩をしていたとは思えないほどに，顔が晴れ晴れしくなったのです。**討論という活動を通して自分の思いを言語化することで，喧嘩が解決したのです。**

　このように，各自が自分の思いや考えをきちんと相手に伝えることができるかどうかで，学級の状況は変わってくるのではないでしょうか。

特活 7

安易に叱らない

「先生が人差し指を口に持っていって立てたときは，先生の方を向いて集中します。」
「パンパンとこのように手を叩いたときは，先生の顔を見ます。」
　このようなルールを決めておくなど，**集団を統率する際の約束ごとをあらかじめきちんと設定しておくこと**が，安易に叱らない態度につながります。

　また，遅刻しがちな児童にもソフトに対応したいものです。
　親との個人面談でも，「A君は最近，登校がギリギリで，遅刻することもありますが，大変なんですね」と切り出し，家庭の問題を親側から話してもらうように努めます。「すみません，わたし（母親）が朝，起きられないで，寝坊してしまうんです」などと，理由を言い出してもらえば面接の雰囲気がなごみます。

　また，遅刻した児童本人が，自分の怠慢を棚に上げて「お母さんが起こしてくれなかったから遅刻した」などという言い訳をすることもありがちです。
　けれども，このような本人の努力次第でできることは，極力，本人が自分で起きて，遅刻しないようにするよう励ますことが大切です。集団登校の場合，遅刻すれば待っているほかの子どもにも迷惑がかかるこ

と，ひとりで登校し始めると防犯上も危険であることを説明します。

いずれにしても，**親御さんや本人の状況をよく理解するように心がけて**，**「どうしたの？」「あなたならできるはずでしょう？」と自発的に遅刻を改めるように仕向ける**指導こそ，優れた教師の学級経営術と言えるでしょう。

最近の児童には，親からも強く叱られた経験のない子がいます。担任としてそんな児童に対し叱る言葉を発しにくいのも事実です。だからこそ，学級で約束ごとを決めて，きちんと臨みたいものです。

自発的に改めるよう仕向ける

特活 8

「きく姿勢」が学級の学びをつくる

「きく」には,「聞く」「聴く」「訊く」という3つの様態があります。「能動的に聞く」(聴く),「疑問点を聞き出す」(訊く)など,互いに「きき合う」場面にもっと焦点を当てて,授業を進めたいものです。

もちろん,わたしたちは,言語だけによって学ぶのではありません。パフォーマンス(しぐさ)や物的環境(アフォーダンス)の読み取りなどからも情報を得て,解読しています。

さらに,様々な社会的文脈も加味して状況から学んだり,自己の内側にある欲求などから学びの意欲が出たりもします。それほど,学びは複雑で,広がりを持っているのです。

「豊かな学び」の実現には「教師や仲間,他者との多様なかかわり」が基底に据えられていたように,言語や非言語によるコミュニケーションを通した**「響き合う学び」の実現には「多様な主体による優劣のない学びの雰囲気づくり」**が求められます。

そのような雰囲気づくりのポイントは,次の三点です。

第一点としては,児童の理解度やつまずき箇所を正確に把握するために教材を段階的・構造的に捉えておく教師の構え(教材構造図の作成)が大切です。教材構造図とは,教材の全体像を図解したものです。

第二点としては,児童の発言を,「言いっぱなし」から仲間や他者を意識した「かかわり発言」(例:○○さんが言うようにわたしも……)に変えていくこと,さらに児童の「つぶやき」を拾う努力が必要でしょう。

　そのために,児童の発言を「自己主張型」から相手を意識した「お尋ね型」(例:わたしは○○と思うんだけれど,○○さんはどう思う?)に誘っていく必要があります。

　第三点としては,児童をきき上手に育てる際の模範として,教師も「きく姿勢」をもっと磨くことが求められます(例:○○さんの意見は,例えばどういうことでしょうか? 先生は○○ということかなと理解したんだけど,これでいいでしょうか?)。

　授業づくりでは,どの場面で教師が「きく姿勢」を見せるか,またそのことで児童の学びが促進されるか否かを,検討する必要があります。当然,あるひとつの答えに近づけることを目的とした「ほかにあるんじゃない?」「ちょっと違うんじゃない?」などといった言葉は禁句です。

　学級の学びや生活が,「きく姿勢」を通して互いに響き合う人間関係の上で成立するとき,いじめや不登校はなくなるはずです。

特活 9

「あすチャレ」で毎日にメリハリをつける

　学校生活も1学期の半ばに入る頃にはマンネリ化し，緊張感が抜けてきます。
　号令は締まらず，掃除もおろそかになり，忘れ物や落とし物なども多くなり始めたら，「あすチャレ」の到来時期が来たと感じてください。

　「あすチャレ」とは，「わたしは，あした，これにチャレンジしよう！」の略です。各自の連絡帳や小さめのノートに「あすチャレコーナー」を設けて，家庭で書いてこさせます。

　例えば水曜日に，「今日の夜，家庭でノートを開いて，『あした自分がやりたいこと，挑戦したいこと』を2，3行で書いてくるように」と指示しておきます。そして，書いてきたものを木曜日の帰りの会で見て，その日のその児童の様子に合わせて「よくできました・まあまあ・あと少し」の3種類のゴム印を押してあげる指導法です。
　40人分となると時間がかかりますので，朱書きはできません。コメントを口頭で述べるだけにとどめます。

　「あすチャレ」は家庭で書くためか，学校生活についての内容（勉強や運動，掃除，給食などの話題）が多く登場しますが，ときどき「もっと弟に優しくしたい」「飼い犬の散歩を喜んでやる」などといった家庭

内のしつけに属する内容も登場してきます。その際にも、「どう？ できた？」と児童と会話してみましょう。

　はじめは運動や勉強の話題だったとしても、次第に物事に対する心構えや人に対する優しい対応など、内面的なことに関する目標が話題に出てくるようにします。そうすることで「あすチャレ」が、「これまでの自分」から「新しい自分」へと変わっていくチャレンジとなるでしょう。

特活 10

係活動は「学級のためにできること」をモットーに

　学級担任の手腕の見せどころのひとつが、係活動決めです。
　4月の学級開きの際に使われる「黄金の3日間」という言葉に惑わされて、あわてて3日以内に決める必要はありません。4月いっぱいかけて、子ども同士の人間関係がある程度できてからで十分間に合います。

　係活動は、どうしてもなくては困る当番活動とは異なります。「毎日、必ず誰かが担当しなくては困る当番活動と、できるときにできる分だけやる係活動とは、基本的に違う」という確認を子どもとの間でしておくとよいでしょう。
　「**学級にこんな係があると、楽しくなるだろう**」「**あんな係があったら、学級のみんなのためになるだろう**」という考えで決めていく姿勢が**大切**です。

　係決めの3条件をあげると、次のようになります。
① 係の人数は男女関係なく3〜6人とする。
② 同じ係になった仲間と協力して活動する。
③ 無理をせず楽しく活動するが、クラスのためになることをする。

　ここで、「『クラスにこんな係があったらいいな』という案はないですか？」と切り出して、子どもたちの考えでできた面白い係を、私の経験

から2つ紹介しましょう。

ひとつは「スポーツ係」です。運動好きを増やすのが係の目標で,例えばマット運動が不得意な仲間がいたら,教室までマットを運び込んで昼休みに特訓してあげる,などといった活動をしたのです。「昼休みドッジボール大会」や「うでずもう大会」なども企画し,体育の際に帽子やタオルの忘れ物がないか注意を促すキャンペーンもやりました。

もうひとつは「天才係」です。家庭での勉強を促したり,「辞書早引き大会」「学級漢字検定」「47都道府県当て大会」などを企画したりして,学級の仲間を天才に改造することを目標にする係というわけです。

「こんな係があったらいいな」

「忙しいときは活動できなくてもいいよ」と伝えて当番的なものにならないようにすることが,係活動が長続きする指導のコツです。

特活 11

係新聞で広報活動をすると学級が生き生きとしてくる

　学級会を開いて，係活動が決まったら，それぞれの係のメンバーの名前を書いた紙を掲示するだけですませてしまいがちです。
　けれども，係活動を充実させるためには，それぞれの係の活動が常に学級の仲間から見られている，相互に見合っているという緊張感をかもし出す必要があります。

　そこでおススメなのが，「**係新聞（かかりしんぶん）**」です。教室内の壁面にコーナーを設けて，そこに貼ることにするのです。
　例えば，図書室係からのお知らせを，朝や帰りの会に口頭で呼びかけるだけでなく，学級版の「図書室しんぶん」（B4縦）をつくってコーナーに貼り，広報するのです。「図書室に新しい本が入りました。おすすめの本は○○です。内容は○○○○○（2行程度）です。面白いですよ。このお知らせを読んだ人は下の出席番号に○を付けてください。」といった具合です。

　さらに，「図書室しんぶん」の脇に，名刺大程度の付箋紙を何枚か貼ることができるスペースを設け，そこに「紹介してくれた本を借りて読んだよ。面白かったよ。」とか「わたしが見つけた本を教えます。」というように，学級の仲間からの意見を掲示できるようにすると，双方向になってきて楽しくなります。

係しんぶんコーナー

図書室しんぶん
- 図書室に新しい本が入りました
  ○○○……
  ○○○○……
- おすすめ本
  ○○○……
  ○○○○……

読んだ人は出席番号に○を付けてください

感想を聞かせてね

おもしろかったよ

　要するに、学級をひとつの小さな社会と見立てて、運営していくことが大切なのです。

Ⅲ　特別活動の技とアイディア

特活
12
■■■■■■■■■■■■■■■■■■■
キャンプファイヤーの出し物は
やや大げさコント・寸劇で
■■■■■■■■■■■■■■■■■■■

　集団宿泊行事の一環で，キャンプに行く場合があります。林間学校や臨海学校と呼ばれることもあります。

　キャンプ当日の様々な活動の中で，メインイベントとも言えるのが夜に行われるキャンプファイヤーではないでしょうか。闇の中で赤々と燃える焚き火のまわりを囲んだ形で全員が座り，歌やいろいろな出し物で楽しむ時間です。

　このキャンプファイヤー用の出し物を，学級全体や学級内の班ごとに考えさせるのは，大切な指導です。
　各出し物の時間は３分以内で，あまり準備がいらないゲームや漫才，クイズ大会などがやりやすいでしょう。

　その中でおススメなのが，**コントや寸劇**です。２人１組をつくって，話を考えさせます。
　このとき，「**やや大げさなしぐさを入れた話にすると盛り上がる**」というポイントを，あらかじめアドバイスしておくとよいでしょう。

　例えば，こんな具合です。
　「今から，野球選手でスクイズが上手い○○選手のまねをします。」

○○選手：（スクイズの構えをする）
監　　督：「だめだめ，そんなに力を入れてバットを握ったら！」
○○選手：「どうすればいいんですか？　監督」
監　　督：「スクイズはな，バットを軽く抱くような気持ちで構えるんだ！」
○○選手：「こうですか？（本当に赤ちゃんを抱くようなしぐさをする）」

　やや大げさなしぐさが笑いを誘って，キャンプファイヤーの場が和み，思い出に残る楽しい夜になるでしょう。

特活
13
「クイズ・わたしは誰でしょう？」で人間関係づくり

　学級のまとまりをつくる上でも集会活動は欠かせません。
　集まって何かを楽しむことも大事ですが，一歩進んで「○○くんにはこんな得意なことがあるんだ」「○○さんはわたしと同じものが好きなんだ」という**他者理解や自己理解**につながる「クイズ・わたしは誰でしょう？」もおススメです。

　ここでは，この「クイズ・わたしは誰でしょう？」を手軽に行う方法を紹介します。
　まず，全員が自分自身に関する問題（特徴や趣味，特技など，自分を表す短い文を3～5つ）を作成し，集会の2～3日前までに係（例えば，クイズ係という係活動を設けてもよいと思います）に提出します。これで，40人学級だったら40問のクイズができ上がります。
　集会で行う場合は一度に40問行うことができますが，時間がかかるので，より手軽に行うには，朝の会や帰りの会で係の児童が数人分ずつ出題するようにするとよいでしょう。

　クイズの進め方は次の通りです。
① クイズ係が，「わたしはいったい誰でしょう？」と言ってから，各自が作成した問題を読む。
　＊問題の例：「わたしは4人兄弟の次男です。」

「わたしの大好きな教科は算数です。」
「今，わたしが夢中になっていることは野球です。」
「わたしは給食でカレーが出たらおかわりします。」
「わたしのニックネームは，マー君です。」

② 子どもたちは「わたし」が誰かを考える。
③ クイズ係が「正解は○○さんです」と告げる。

クイズ係から正解が告げられると，「やっぱりー！」とか「へえー？！」などの感嘆が教室のあちらこちらから聞こえてきます。

教師はあらかじめクイズ係に，ダメ押しに「ちなみに○○さんのニックネームはマー君だそうです」などと特徴的な内容をもう一度告げるように促しておきます。このことで，他者理解がいっそう進むでしょう。

このクイズを行う際も，教師はうまく**自分自身を人前で表現できない子どもほどていねいに取り上げる**姿勢で臨みたいものです。

特活 14

スローガンはポーズと合わせて覚えよう

　運動会や交通安全のスローガン（標語）を子どもたちにPRしたい場面があります。

　そんなときは，例えば「完全燃焼！　ファイトだ，ゴールまで突き進め！」という運動会のスローガンを児童会で決めたら，それに合わせたポーズも考えさせます。

　「完全燃焼！」と叫ぶときには，足を広げて両手を高くあげ，炎のように手を振るわせ，「ファイトだ」のときは，胸をこぶしで叩くまね，「ゴールまで突き進め！」では体を半開きにして右手をさっと水平に伸ばして前方を指す，といった具合にです。

このようにポーズをとることで，印象深くスローガンを覚えることができ，しかもエネルギッシュに運動会に参加できるという効果も生まれます。

また，交通安全に関しては，「交差点では右見て左見て，もう一度右見て」の標語と合わせて，首を回して左右を確認するポーズをとる，などといった行為を推奨します。

児童会委員がこれらのポーズを覚えて，全校集会などの場で披露すると，それを見た低学年児童もポーズをまねて，内容を意識したり，注意したりするようになります。

ポーズをとるという行為そのものに教育効果があることは，言うまでもないことです。ポーズはできるだけ簡単でまねがしやすく，それでいて意味を示す形のものにすると効果が上がります。

そのほか，手洗いや歯磨きなど保健衛生活動を進める際にも，標語だけでなくポーズがあると効果的です。ポーズをとることで体を動かしながら言葉を理解させるという方法によって，より一層，意味が深く受けとめられます。体と頭はつながっているのです。

特活 **15**

女子児童との関係は「いい距離を保って」

　若い独身男性教師のクラスにしばしば見られる傾向ですが，特定の女子児童から妙に異性として意識され，対応に困ることがあります。人気が上がるのはよいことですが，過度に甘えてきたり，逆に過度に避けようとしたりするのです。

　このような教師と児童との関係を，「いい距離を保って」健全なものにしていくにためは，どのようにすればよいのでしょうか。
　ポイントは「メモ日記」という短文のやり取りを，毎日数人ずつ行っていくことです。

具体的には，毎日数人ずつ順番に，5ミリ方眼ノートに日記を短文で書かせます。書いた日記は，教室の隅にある教師の机の引き出しの中にビデオカセットの空きケースを立てておき，朝の会の前にそこに提出させます。

　教師は帰りの会までに日記に目を通して返却しますが，なかなか時間がとれない場合が多いため，読んだことを示すゴム印を押してあげる程度になることもあります。気になる子や返事を要する子のノートにはできるだけ，ほんの2行程度でも返事を書きます。

　このメモ日記のやり取りから，児童の悩みや友だち関係，家庭の状況なども垣間見えてきます。もちろん，メモ日記と言えども個人的な情報なので，**ほかの子どもには見せないようにしっかりと管理することが大事**です。

　今は児童とのメールのやり取りも可能な時代です。しかし，メールはノート以上に見えない世界ですので，**児童とメールのやり取りをする際は，保護者に「お子さんとメールで日記のやり取りをしていますのでご承知おきください」と承認を求めておくことが必要**です。

　同様に，ノート形式でメモ日記をやり取りする場合でも，「保護者の確認のサイン」をもらってくることを原則とします。

　ただし，高学年にもなると日記の内容にプライベートな話題も増えるため，保護者のサインを「必ずもらってくるように」と求め過ぎるのもいかがなものかと思います。サインをもらってくることを強制はしないで，日記はあくまでも担任とその子だけの心のやり取りのために使用する姿勢で臨むことが大事でしょう。

特活 16
廊下は「インターナショナル」な展示空間

　学校の廊下や階段の踊り場は，格好の展示場になります。多くの学校で絵画や書写，造形作品などが展示されていることと思いますが，そのとき，自分の学級の作品を自分の教室の前の廊下に貼ってはいないでしょうか。
　「自分たちの作品だから，自分たちで眺めたい」との気持ちもわかりますが，案外，子どもは眺めていないものです。学級の子ども同士はすでに，作品の製作過程でお互いの作品を見ているからです。

　おススメは，**異学年の廊下に作品を展示する**こと。例えば，６年生の絵画作品や書写，造形作品を低学年の廊下に展示し，低学年の作品を６年の廊下に展示するというやり方が刺激的です。

　６年生の素晴らしい作品にふれた低学年児童には，「こんな描き方があるのか」「自分も大きくなったらこんな絵を描いてみたい」「○○君のお姉さんは，書写がうまいんだな」などというように，憧れ効果が発揮されます。
　一方６年生は，描き方の稚拙な低学年児童の作品にふれて自分が成長したことを実感するでしょうし，反対に自分たちにはない低学年ならではの感性や描写の仕方に感嘆する場合もあるかもしれません。

Ⅲ 特別活動の技とアイディア

　学校という世界は，6歳の年齢差が見られる小さな社会です。学年をひとつの国にたとえれば，異学年は外国です。単に学年ごとに教えているだけでは，効率はよいかもしれませんが，創造的ではありません。
　廊下を「インターナショナル」な展示空間と認識し，異なる学年の作品や，機会があれば他校の作品や，文字通りインターナショナルに海外の姉妹校から送ってもらった作品も，展示してみてはいかがでしょうか。**学校をギャラリーとして捉える**，教師の感性の見せどころです。

特活 17

OHCでノート指導，
ビデオカメラで話し合い指導を

　オーバーヘッドカメラ（OHC）という実物投影機があります。台の上におかれた実物を，カメラが教室のテレビ（最近はプロジェクターからスクリーンにも映し出せる）に大きく映し出すというしくみの機械です。

　このOHCを教材提示だけに使うのではなく，ノート指導にも活用する使い方があります。
　それは，学級びらきに当たる「黄金の3日間」に，学年に応じてですが，国語や算数，社会などのノートのとり方を，**実際にノートをカメラ**

で映し出して説明する，というものです。

　線をどう引くか，日付をどこに書くか，文は1行ごとに書くこと，資料の添付のし方や見出しの書き方，マークやアイコンの使い方に至るまで，教師が見本を示します。
　例えば，「ひらめいた！」マークは 💡 のように付ける，見学先でもらったプリントは折りたたんで貼り付ける，大事な文章や用語はマーカーでこのようにマークする，などといったようにです。

　また，話し合いの方法の指導には，ハンディビデオカメラが威力を発揮します。ハンディビデオカメラをテレビと接続し，ビデオカメラのズーム機能を駆使すれば，まるで実況中継のように話し合っているグループの様子をテレビに映し出すことができます。「ほら，5班の話し合い方はいいですね」というように見せるのです。

　もちろん，小さいものを大きくして観察させたい場面や，印刷物の中の挿絵や写真を拡大して見せたい場合，あるいは，理科の実験や観察のポイントを示す授業場面で効力を発揮するという，OHCならではの特性も忘れてはなりません。

　準備にちょっとした手間はかかりますが，「大きくして見せる指導法」を工夫してみませんか？

特活 18
給食時間はレストラン気分でマナー教育を

　給食時間に口をもぐもぐさせながら，席を立ったり，大声で笑って食べたものを飛ばしたりする子どもがいます。そういう学級の雰囲気になり始めたら，要注意。すぐに「レストラン開店宣言」をしましょう。

　きちんとスーツを着てきた日に，「今日から，この学級に給食時間だけ，○○レストランが開店します（○○は担任の名前や，爽やかなイメージが伝わる言葉，例えば春風レストランとか，桜レストランなど）。お客さんはきちんと手を洗い，席についていてください」と宣言します。そして，「配膳係の人はていねいに配ってくださいね」「この店の店長は先生です」などというように伝えるのです。

　もちろん，静かな雰囲気をかもし出す音楽や，『人気教師の仕事術44』（寺本潔著，黎明書房）でも紹介したように学級のカラー（色）を工夫するのも一案です。さらに，**食事中のタブーもそれとなく知らせておきます**。例えば，箸をなめたり，箸と箸で食べ物を渡し合ったり，食器を箸で叩いて音を出したりしないこと，食べ残さないように量を考えて盛り付けること，下ネタの話はしないことなどを教えておきます。

　「学校給食と望ましい食習慣の形成」は特別活動の中の「学級活動」の重要項目です。**「食を制すれば学級を制す」**です。

Column
不登校児童とのふれ合いには焼きそばづくりがおススメ

　もしも学級に不登校ぎみの児童がいたら，休みのときやほかの児童が下校した後の夕方に，その子と保護者を学校に呼んで，調理室か教室で焼きそばをつくる時間を設けてみてはいかがでしょうか。

　とにかく，少しでも学校に慣れさせて，担任と一緒に何かをつくることが大切です。焼きそばなら，比較的簡単にでき，保護者を交えて会食もできます。人間は共に食べることにより心が開放され，仲よくなるものです。

　焼きそばを一緒に作ったり，食べたりしながら，教師は日頃学校や学級で話し合っていることや行事での出来事などを，楽しそうな表情で話してあげます。そうすることで，その児童の気持ちが登校することに少しでも近づいたなら，メリット大です。

　もちろん，一緒にゲームをしたり，家での勉強の様子について聞いたりすることも大切ですが，担任として「あなたのことを絶対に見捨てない」という姿勢を見せる意味でも，何かを一緒に体験することを積み重ねるとよいでしょう。それによって，児童の心も少しずつ開放されるでしょう。

著者紹介

寺本　潔

　昭和 55 年熊本大学教育学部卒業，57 年筑波大学大学院修了，筑波大学附属小学校教諭を経て，現在，愛知教育大学人文社会科学系教授。文部科学省学習指導要領（小学社会）委員，日本生活科総合的学習教育学会理事，日本地理学会代議員。
　主要著作として『社会科の基礎基本　地図の学力』（明治図書），『感性が咲く生活科──授業展開の道標たんけん・ひみつ・じまん』（大日本図書），『エコ地図をつくろう──親子で考える環境問題とエネルギー』『人気教師の仕事術 44』『犯罪・事故から子どもを守る学区と学校の防犯アクション 41』（以上，黎明書房），『子どもの初航海──遊び空間と探検行動の地理学』（古今書院）など多数。

山内かおり

　昭和 62 年別府大学短期大学部初等教育科卒業後，美作女子大学家政学部児童学科に編入。平成 2 年同大学卒業。沖縄市の公立小学校教諭を経て，現在，琉球大学附属小学校教諭。
　主要研究論文として「人とかかわる力を育てる社会科学習指導の工夫」（沖縄県立教育総合センター研究集録第 32 号掲載），「互いの気づきをつなげた豊かな学び──暗黙知を明示させる対話で学び合う社会科授業の試み」（第 5 回ちゅうでん教育振興財団教育大賞教育奨励賞論文），『プロが教えるオモシロ地図授業』（明治図書，分担執筆）等。

授業するのが楽しくなる生活科・総合・特活の技とアイディア44

2008年10月30日　初版発行

著　者	寺　本　　　潔	
	山　内　か　お　り	
発　行　者	武　馬　久仁裕	
印　　　刷	株式会社　太洋社	
製　　　本	株式会社　太洋社	

発　行　所　　株式会社　黎　明　書　房

〒460-0002　名古屋市中区丸の内3-6-27　EBSビル
☎052-962-3045　FAX 052-951-9065　振替・00880-1-59001
〒101-0051　東京連絡所・千代田区神田神保町1-32-2
南部ビル302号　☎03-3268-3470

落丁本・乱丁本はお取替します　　　ISBN978-4-654-01807-9
ⓒK. Teramoto, K. Yamauchi 2008, Printed in Japan